培养孩子良好学习习惯的60个法则

陈斯雯／编著

江西出版集团·江西人民出版社

前　言

学习习惯改变孩子的未来

播下一个行动，收获一种习惯；
播下一种习惯，收获一种性格；
播下一种性格，收获一种命运；

——美国心理学家威廉·詹姆士

一根小小的柱子，一段细细的链子，拴得住一头千斤重的大象，这不荒谬吗？可这看似荒谬的场景在印度和泰国随处可见。那些驯象人，在大象还很小的时候就用一条铁链将它拴在柱子上，无论小象如何用力挣扎都无法挣脱。渐渐地，小象习惯了不挣扎，直到长成了大象，可以轻而易举地挣脱链子时，它也不再挣扎。

小象是被链子拴住，而大象则是被习惯拴住。

这就是习惯的力量。

美国著名的励志专家杰克·坎菲尔德在他的著作《心灵鸡汤》里写道："如果你希望出类拔萃，也希望生活方式与众不同，那么，你必须明白一点——是你的习惯决定着你的未来。"

曾经有一项针对学生学习现状的调查，其中一项是最令家长头疼的问题是什么？我们惊讶地发现，让家长最为烦恼的不是学生的学习成绩，而是学习习惯。48.6%的家长"对孩子最不满意的是习惯差"，76.5%的家长认识到"习惯的好坏决定着学习成绩的好坏"。在中国青少年研究中心的"少年儿童良好习惯的调查研究"中显示，"学习不爱刻苦钻研，常常被动学习。"是当今学生七大不良习惯之一。这些数据与问题，都让我们深刻认识到——真正左右学习成绩的往往是那些看似毫不入眼却是根深蒂固的学习习惯。

学习习惯不仅仅影响显露在外的学习成绩，实际上正是学习习惯引导着整个学习方式和学习效率的改变。它可能让学习获得成功，也可能让学习成为烦恼；它可以是优胜者的助手，也可以是失败者的陷阱；它或许是一种财富，也很可能是一种负累。这就在于孩子有没有掌握良好的学习习惯，好习惯是打开一扇成功之门的钥匙，同样，不良习惯也是走向失败的潘多拉魔盒。有一句话是这样说的："开始，我造就习惯，后来，习惯造就我。"因此，我们必须重视从小培养孩子良好的学习习惯，"慎始则善终"，为孩子健康的人生奠基。

良好的学习习惯会赋予孩子一种优雅的学习气质，带领他们在学习中渐入佳境。本书通过60个小故事，告诉孩子们能够养成良好学习习惯的60个经典法则，我们把这些法则分为以下6篇：

让孩子渴望出类拔萃

像爱玩那样热爱学习

调整心态，愉快而有效地学习

擅长学习，才能喜欢学习

所有成功者都是阅读者

让孩子的生活充满想象

本书中的每个故事都蕴含着不同的道理，内容简单易懂，并有举一反三的效果；故事后面附以"小故事大学问"、"名人语录"、"小测试"、"思维训练"等小栏目，起到寓教于乐，画龙点睛的作用。

愿本书可以：

激发孩子的学习兴趣，开发孩子的学习潜能，

发挥孩子的学习优势，培养孩子的学习习惯，

让孩子对学习上瘾！

编　者

目录

小故事

让孩子渴望出类拔萃

大道理

小故事 → 大道理

像爱玩那样热爱学习

小故事

调整心态，愉快而有效地学习

大道理

小故事 → 大道理

擅长学习,才能喜欢学习

小故事 → 大道理

所有成功者都是阅读者

小故事

让孩子的生活充满想象

大道理

让孩子渴望出类拔萃

法则 1 患有口吃的 CEO——→信心创造奇迹

被人们称为“全球第一 CEO”的美国通用电气公司前首席执行官杰克·韦尔奇曾有句名言：“所有的管理都是围绕‘自信’展开的。”凭着这种自信，在担任通用电气公司首席执行官的20年中，韦尔奇显示了非凡的领导才能。韦尔奇的自信，与他所受家庭教育是分不开的。韦尔奇的母亲对儿子的关心主要体现在培养他的自信心。因为她懂得，有自信，然后才能有一切。

韦尔奇从小就患有口吃症，说话口齿不清，因此经常闹笑话。韦尔奇的母亲想方设法将儿子这个缺陷转变为一种激励。她常对韦尔奇说：“这是因为你太聪明，没有任何一个人的舌头可以跟得上你这样聪明的脑袋。”于是从小到大，韦尔奇从未对自己的口吃有过丝毫的忧虑。因为他从心底相信母亲的话：他的大脑比别人的舌头转得快。在母亲的鼓励下，口吃的毛病并没有阻碍韦尔奇学业与事业的发展，而且注意到他这个弱点的人大都对他产生了某种敬意，因为他竟能克服这个缺陷，在商界出类拔萃。美国全国广播公司新闻部总裁迈克尔就对韦尔奇十敬佩，他甚至开玩笑说："杰克真有力量，真有效率，我恨不得自己也口吃。"

韦尔奇的个子不高，却从小酷爱体育运动。读小学的时候，他想报名参加校篮球队，当他把这想法告诉母亲时，母亲便鼓励他说："你想做什么就尽管去做好了，你一定会成功的！"于是，韦尔奇参加了篮球队。当时，他的个头几乎只有其他队员的四分之三。然而，由于充满自信，韦尔奇对此始终都没有丝毫的觉察，以至几十年后，当他翻看自己青少年时代在运动队与其他队友的合影时，才惊奇地发现自己几乎一直是整个球队中最为弱小的一个。

青少年时代在学校运动队的经历对韦尔奇的成长很重要。他认为自己的才能是在球场上培训出来的。他说："我们所经历的一切都会成为我们信心建立的基石。"在整个学生时代，韦尔奇的母亲都始终是他最热情的啦啦队长。所有亲戚、朋友和邻居几乎都听过一个韦尔奇母亲告诉他们的关于她儿子的故事，而且在每一个故事的结尾，她都会说，她为自己的儿子感到骄傲。

在培养儿子自信心的同时，她还告诉韦尔奇，人生是一次没有终点的奋斗历程，你要充满自信，但无须对成败过于在意。

小故事大学问

韦尔奇的自信使他最终成为了全球知名的 CEO。其实，这种自信的态度对于每个人来说都是非常重要的。因为有了自信，就会对要去做的事情充满希望，而这种强烈的希望将会带来最终的胜利。

备受人们尊敬的美国前总统亚伯拉罕·林肯在生活中就是一个非常自信的人，他常说："人是无所不能的，只要认为是自己应该去做的事情，就一定会找到出路。"

面对困难，不同的态度决定了最后的结果是成功还是失败。在学习上也是一样的。如果缺乏自信，即使头脑再聪明、学习再刻苦的孩子，也无法登上成功的顶峰。在学习上遇到难题的时候，绝对不可以畏惧、退缩，不可以产生"我不行，我做不到"的想法，一定要相信自己，时刻提醒自己"我行！我可以做好！"这样你就会慢慢拥有自信，并且渴望去学习。

自信心小测试

根据自己的实际情况对下列 15 句话作出选择，符合的画"√"，不符合的画"×"。

1.很想让家人、老师和朋友看到自己用功学习的样子。(　　)

2.认为学习是件很有意思的事。(　　)

3.觉得学习是为了父母。(　　)

4.很羡慕那些学习好的同学。(　　)

5.在同学面前受到老师的表扬后会非常高兴。（　　）

6.有时为自己感到自豪。（　　）

7.认为只有独自在书房里才能专心学习。（　　）

8.认为还有很多事情比学习更难。（　　）

9.觉得那些只知道学习的同学很傻。（　　）

10.经常说："我不行"，面对事情很消极。（　　）

11.考试时可以充分发挥自己正常的水平。（　　）

12.玩的时候也会想起学习。（　　）

13.曾经对同学或朋友说讨厌某个学科。（　　）

14.学习成绩不好时，常想象自己将来成为大学生后的样子。（　　）

15.如果别的同学买了一本新的参考书，我也要跟着买。（　　）

[答案]

题号	答案	题号	答案	题号	答案
1	√	6	√	11	√
2	√	7	×	12	×
3	×	8	√	13	×
4	√	9	×	14	√
5	√	10	×	15	×

每答对一题得1分，计算出总分后查阅下表得出结论。

得分	自信心评价
0~5分	很差
6~8分	较差
9~11分	一般
12~13分	较好
14~15分	很好

如果测试结果显示你的自信心不足,那么你不妨试试英国心理学家克列尔·拉依涅尔提出的可以帮助你增强自信心10条规则。

第一条:每天照3遍镜子。

清晨出门时,对着镜子修饰仪表,整理着装,务必使你自己外表处于最佳状态。午饭后,再照一遍镜子,修饰一下自己,保持整洁。晚上就寝前洗脸时再照照镜子。这样一来,一整天你就不为自己的仪表担心,而会专心致志去学习。

第二条:不要总想着自己身体的缺陷。

每个人都有各自的缺陷。你对自己的身体缺陷想得越少,自我感觉就会越好。

第三条:请记住,你感觉明显的事情,其他人不一定注意得到。

当你在众人面前讲话感到面红耳赤时,你的听众可能只是看到你两腮红润,令人愉快而已。

第四条:不要过多地指责别人。

如果你常在心里指责别人,这种毛病就可能成为习惯。总爱批评别人的人是缺乏自信的表现。

第五条:请记住,大多数人喜欢的是听众。

因此当别人讲话时,你不必用机智幽默的插话来博取别人的好感。你只要注意地听别人讲话,他们就一定会喜欢你的。

第六条:为人要坦诚,不懂不要装懂。

对不懂不知道的东西要坦白地承认,不能故作冷漠,否则,只会引起别人厌烦,不会提高你的自信心。

第七条:要在自己的身边找一个能与之分享快乐和承受痛苦的朋

友。这样在任何情况下你都不会感到孤独。

第八条:不要试图用酒精来壮胆提神。

如果你羞涩腼腆,那么就是喝干了酒瓶也无济于事。只要你潇洒大方,滴酒不沾也会讨人喜欢。

第九条:请记住,拘谨可能使某些人对他人含有敌意。

如果某人不大理你,则不要总觉得自己有错。对于有敌意的人,少讲话虽不是最好的方法,但却是惟一的方法。

第十条:请记住,一定要避免使自己处于一种不利的环境中。

否则,当你处于这种不利环境时,虽然人们会对你表示同情,但他们同时也会感到比你地位优越而在心里轻视你。

法则 2 英国首相曾经也是差生——Never give up! 永不放弃!

温斯顿·丘吉尔（1874~1965），英国杰出的政治家、演说家及作家。在第二次世界大战期间，丘吉尔当选为英国首相，成为取得战争胜利的关键人物，被认为是 20 世纪最重要的领袖之一。不仅如此，丘吉尔还具有优秀的写作能力和文学造诣，由于“在历史和传记写作方面的造诣及他那维护人的崇高价值的演说，给作者和整个英国乃至世界带来莫大的荣誉”，丘吉尔凭借长达数百万言的巨著《第二次世界大战回忆录》获得 1953 年诺贝尔文学奖。

听到丘吉尔的这些成就，你可能认为丘吉尔从小就是一个优等生，然而事实并非如此。

1874 年，丘吉尔出生在一个极富盛名的英国贵族世家里，他的父亲是著名的保守党议员，母亲是一位纽约富商的千金。丘吉尔是一个早产儿，从小身体虚弱，毛发稀疏，说话口吃。在上小学时，丘吉尔性格孤僻倔强，一直无法适应学校的条条框框，由于不顺从校长的权威，被视为“常惹麻烦甚至极端恶劣”的坏学生。学校的教育方法极其死板教条，违纪的学生会受到无情的体罚，这使得丘吉尔更加叛逆，甚至会捉弄老师和

校长。在这种情况下，丘吉尔的学习成绩自然不会好，再加上语言上先天的缺陷，最后，他不得不放弃了学业。但是，作为一个孩子，丘吉尔已经受到严重的伤害。后来虽然又转过几次学，但他再也无法对学习提起兴趣，成为了一名完完全全的差生。

在自传《我的少年时代》中，丘吉尔这样描述他的学生时代：

“回首人生，我有一段郁闷的、毫无价值的灰色年代。在那之前，我度过了无忧无虑的童年，在那以后，随着年龄的增长，我的生活越来越充实。而那段学生时代，哪怕其中的一个片段，都是让我无法忘怀的痛苦记忆。每天都懵懵懂懂地混时间、打发日子，没有任何乐趣。只能用这样的词来形容那段日子：无聊，不自由，烦闷，虚度。”

直到成为桑德赫斯特皇家军事学院的一员后，丘吉尔才感到如鱼得水。他改变了孤僻倔强的性格，开始交友，参加正常的社交活动，在学习上也名列前茅，各方面都有了很大的进步。从军校毕业后，丘吉尔加入了第四骑兵团，为了获得足够的军事经验和满足自己传奇意识的心态，他不放弃任何参战的机会。作为军官和军事记者，丘吉尔参加了古巴、印度、苏丹和南非的战事。在写新闻稿的过程中，他感受到自己在历史和文学功底上的欠缺，于是开始广泛地阅读各种书籍，并逐渐形成了自己的思想体系。这一时期，丘吉尔写出了许多高水平的通讯报道和战地作品，被人们称为“无与伦比的战地记者”。

1900 年，丘吉尔退役从政，曾经当选议员，做过内阁大臣。1940 年，他临危受命，出任英国首相，组织了战时内阁，与罗斯福和斯大林一起并称为同盟国的三巨头，共同领导了世界人民反法西斯战争，并取得了最终的胜利，为他在全世界赢得了辉煌的声誉。在繁忙的工作中，丘吉尔依然没有放弃写作。他利用从政的间隙，创作了大量政治和历史著作、人物传记，并获得了 1953 年的诺贝尔文学奖。

丘吉尔一生最精彩的演讲，也是他最后的一次演讲。在剑桥大学的一次毕业典礼上，整个会堂有上万名学生，他们正在等候丘吉尔的出现。正在这时，丘吉尔在他的随从陪同下走进了会场并慢慢地走向讲台，他脱下大衣交给随从，然后又摘下了帽子，默默地注视所有的听众。过了一分钟后，丘吉尔说了一句话：“Never give up！(永不放弃)”说完，丘吉尔穿上了大衣，带上帽子离开了会场。这时，整个会场鸦雀无声，一分钟后，掌声雷动。

小故事大学问

丘吉尔是怎样从一名差生变成受世人景仰的政治家和文学家的呢？最重要的就是他永不放弃的精神。

永不放弃有两个原则，第一个原则是：永不放弃，第二个原则是当你想放弃时，回头看第一个原则！

成功者与失败者并没有多大的区别，只不过是失败者走了九十九步，而成功者走了一百步。失败者跌下去的次数比成功者多一次，成功者站起来的次数比失败者多一次。当你走了一千步时，也有可能遭到失败，但成功却往往躲在拐角弯后面，除非你拐了弯，否则你永远不可能成功。

在现实工作之中，往往有许多人对失败的结论下得太早，当遇到一点点挫折时就对自己的工作能力产生了怀疑，甚至半途而废，那前面的努力就白费了。唯有经得起风雨及种种考验的人才是最后的胜利者，因此，如果不到最后关头就决不轻言放弃，永远相信：成功者不放弃，放弃者不成功。

在学习上也是一样。今天的差学生并不意味着永远不能成为优等生。就算目前的学习成绩比其他同学要差一些，也决不能自暴自弃，丧失信心，否则，永远也看不到成功的那一天。天才物理学家爱因斯坦小时候也很笨，3 岁多还不会说话，9 岁时说话还结结巴巴的。上学时，老师曾公开说他是差生，并把他从教室里赶了出去。即便在这种情况下，爱因斯坦也没有认为自己是差生，依然坚持不懈地努力。试想，如果爱因斯坦当时气馁了，放弃了，又怎么会成为伟大的物理学家呢？

其实，所有的孩子天生都是爱学习的。但是如果孩子经常受到讽刺、否定和挫折，孩子的自信心就会逐渐消失，对学习的兴趣就会越来越少，逐渐产生厌学的情绪。因此，家长和老师的作用就显得尤为重要了。作为家长，一定要对孩子多引导，在孩子遇到困难时要多鼓励，不要总是问孩子："你行吗?"，而要帮助孩子建立"我一定行!"的信念。在孩子犯错误或者成绩不佳的时候，千万不要随意打骂，更加不能对孩子说出"没出息"、"没前途"之类的话，否则很容易引发孩子的逆反心理，导致孩子破罐子破摔，自暴自弃。另外，老师的肯定也是特别重要的。如果孩子每取得一点进步，都及时给予肯定、表扬甚至奖励，不但可以帮助孩子不断建立信心，孩子对学习的兴趣也会越来越浓。

学 习 寄 语

想要放弃学习，便是一种对学习的背叛，一念之间的抉择将会注定你的人生要经历不同的历程。但是没有了学习的人生经历必定是多灾多难的，因为它们只会一步步让我们趋于失败的边缘，最终"深陷其中而不能自拔"。每个人都渴望成功，但是在成功之前，我们需要用一颗虔诚的心去接受学习。

——《学习其实是件快乐的事》

法则 3 巴尔扎克的手杖——►"我将粉碎一切障碍！"

1799 年，巴尔扎克出生于法国西部的图尔城，他一生充满坎坷，但凭借他的勤奋和刚强的品质，巴尔扎克最终成为法国历史上最为杰出的批判现实主义艺术大师。

巴尔扎克并非一出世就名扬天下，誉满全球，在成名之前，他也曾困顿过，狼狈过。

少年时代的巴尔扎克沉默寡言，但他的内心世界却很充实。在学校里，巴尔扎克十分调皮，经常受到老师的责骂和鞭打，然而幸运的是，学校的一位图书管理员对他很好。那位管理员对巴尔扎克说："你要是喜欢读书，就来找我，我借给你。"从此，巴尔扎克经常到图书馆借书看。他的兴趣十分广

泛，对文学名著更是爱不释手。巴尔扎克有着很强的记忆力和分析理解能力，对于书中的人名、地名和故事情节都记得非常清楚。

上大学时，巴尔扎克学的是法律，可大学毕业后他却执意要当一名作家，全然不听父亲让他当律师的忠告，把父子关系弄得十分紧张。父亲对他说："我每天给你 4 个法郎的生活费，你搬到外面去写作，如果两年内你仍写不出像样的作品，你就必须放弃写作，当一名律师。"

就这样，刚满 20 岁的巴尔扎克怀着自己的理想，孤身一人离开了家，搬进郊区的一间小屋子里，开始了自己的写作生涯。半年后，巴尔扎克写出了一个剧本，这令他非常兴奋。他兴致勃勃地跑回家，将剧本读给家里人听，可是还没读完一半，家人就已经睡着了。后来，巴尔扎克又写了两部小说，但仍然没有成功。

不久，父亲便不再向他提供任何生活费用，而他写的那些"作品"又不断地被退了回来，巴尔扎克的生活陷入了困境，开始负债累累。最困难的时候，他甚至只能吃点干面包，喝点白开水。但他挺乐观，每当就餐，他便在桌子上画上一只只盘子，上面写上"香肠"、"火腿"、"奶酪"、"牛排"等字样，然后在想象中狼吞虎咽。

更发人深省的是，在这段最为"狼狈"的日子里，巴尔扎克竟然破费七百法郎买了一根镶着玛瑙石的粗大的手杖，并在手杖上刻了一行字：我将粉碎一切障碍！

正是这句气壮山河的名言在支持着他。

由于欠下了巨额债款，巴黎政府下令逮捕巴尔扎克。于是，他只好改名换姓，躲进贫民窟的一间小屋继续他的写作。苦难的贫民生活和贫民们对上流社会的咒骂与批判，使巴尔扎克看到了资产阶级追求金钱的种种丑态。他坚持每天跑图书馆，夜以继日地读书，增长了许多知识。这一切使巴尔扎克的思想变得活跃而深刻，他的创作也逐渐走向了成熟，写出了《欧也妮·葛朗台》《高老头》等批判现实主义文学的经典作品。

意志力测试

下面有30个题目，每题均有“是”、“不确定”、“否”三种可选答案，按符合自己的情况作答。

1.我很喜欢长跑、远足、爬山等体育活动，并非我的身体特别适合这些运动，而是它们能有效地培养我的毅力。

2.我做事经常虎头蛇尾。

3.我信奉万事“不干则已，干则必成”的格言。

4.做事不必太认真，我的计划是经常改变的。

5.不该做的事情即使对我很有诱惑力，我也能克制自己不去做。

6.一件事该不该做的标准，主要取决于我是否有兴趣。

7.我常常强迫自己去做自己不感兴趣的事情。

8.我的生活不太有规律，睡懒觉是常有的。

9.我不喜欢一遇到困难就求助于人。

10.遇到复杂的事情我常常犹豫不决。

11.我决定做某件事时，往往说干就干，很少拖延。

12.心情不好的时候，我很容易发脾气，有时明知不对，也不能克制。

13.我相信事情的成功主要取决于自己的努力。

14.我认为机遇比奋斗更重要。

15.越是困难的事情，我做起来越是有劲。

16.和别人争吵时，我常要说些事后感到后悔的过头话。

17.我对自己的计划很认真，没有意外情况，总要设法使它如期完成。

18.我常因读一本引人入胜的小说而不能按时入睡。

19.我不怕落后，相信后来者可以居上。

20.我很难长时间做一件重要却枯燥的事情。

21.一旦决定晚上不看电视，即使电视节目再精彩，我也不会去看。

22.因为优柔寡断，我已多次错失良机。

23.有风险的事情，我不像有的人那样总是借故推辞。

24.我感到自己很任性，常常是想怎样就怎样。

25.做错了，我敢于承担责任，即使为此可能受处分。

26.在意外情况面前，我常常惊慌失措。

27. “胜利常在坚持之中”，我喜欢照此去实践。

28.我感到清苦的生活比什么都难受。

29.别人做不成的事情，我常能做成，因为我比别人更有恒心。

30.我明知自己缺乏意志，但总感到难以改善。

[答案]

凡奇数题答“是”得2分，答“否”得0分，答“不确定”得1分；凡偶数题答“是”得0分，答“否”得2分，答“不确定”得1分。

总分在45分以上，你的意志力坚强；总分在20分以下，你的意志力薄弱；总分在两者之间，要成为意志坚强者还需磨练，而成为意志薄弱者似乎也只是一步之遥。

法则4 黑蜘蛛结网——给自己一个必胜的信念

一个老宅的墙角，聚着好几只蜘蛛。这是个很不错的地盘，食物丰富，狂风吹不到，大雨淋不着。它们终日躲在墙角里结网、等待、吃食、聊天。每天，它们都过着如此悠闲的日子。

有一天，蜘蛛像往常一样在聊天，一只黑蜘蛛说："房子的那一端是什么样的世界呢？为什么我们不用网把两端连起来呢？"

"哈哈，兄弟，你就别妄想了，从这个檐头到那个檐头，中间有一丈余宽的距离，我们又不会飞，怎么可能过去呢？"蜘蛛们都嘲笑这只不自量力的黑蜘蛛。

黑蜘蛛没有说话，它想：我们虽然不会飞，但可以结网

啊。如果从这个檐头拉一根丝，再连到那边的檐头，不就架起了一座桥吗？对，我想我一定可以做得到！

黑蜘蛛又细心地观察了几天后，更加坚定了自己的信念。它开始行动了，先从自己居住的檐头开始，打个结，然后顺墙而下，一步一步向前爬。一路上，它小心翼翼地翘起尾部，不让吐出来的丝沾到地面的沙石或别的物体上。爬呀爬，黑蜘蛛看着自己的成果非常高兴，它开始幻想成功在向它招手。就在这时，忽然一阵风吹过来，细丝沾在了墙上，黑蜘蛛开辟的第一条线路断了，墙角的蜘蛛们哄堂大笑。

黑蜘蛛没有笑，也没有哭，默默地爬回原处，重新开始吐丝。它想：我的方法是没有错的，只是没有预料到会刮风而已，只要我再小心些一定可以成功。果然，这次它很幸运地走过了空地，又爬上了对面的檐头。黑蜘蛛观察了一下，感觉高度差不多了，它赶紧把丝收紧。它成功了！第一根丝就这样顺利拉过去了。

迈出了第一步后，一切都变得简单多了，黑蜘蛛很快在后院的两檐之间结了一张很大的网，自由自在地享受它开辟的两个世界。

决定你一生成就的21个信念

1.我是最棒的

2.我是一切的根源

3.我是我认为的我
4.成功是因为态度
5.过去不等于未来
6.人，因梦想而伟大
7.不是不可能，只是暂时还没有找到方法
8.成功一定有方法
9.成功者找方法，失败者找借口
10.命运在自己的手里，而不是在别人的嘴里
11.天助自助者
12.你越努力，你的运气就会越好
13.我要，我就能
14.决心决定成功
15.山不过来，我就过去
16.每天进步一点点
17.没有失败，只是暂时没有成功
18.只要不服输，失败就不会是定局
19.坚持到底，永不放弃
20.人人都能成功
21.立即行动

法则 5 曾国藩读书——没有超人的勤奋，就不会有超人的收获

曾国藩是中国历史上最有影响的人物之一，其所处的时代，是清王朝由乾嘉盛世转为没落、衰败、内忧外患接踵而来的动荡年代。曾国藩正是这一过渡时期的重心人物，在政治、军事、文化、经济等各个方面产生了令人注目的影响。这些影响不仅仅作用于当时，而且一直延至今日，从而使之成为近代中国最显赫和最有争议的历史人物。

然而曾国藩小时候的天赋并不高，跟一般的孩子差不多。有一天晚上，曾国藩在家读书，对一篇文章重复不知道多少遍了，还在朗读，因为，他还没有背下来。

这时候他家来了一个贼，潜伏在他的屋檐下，希望等读书人睡觉之后捞点好处。可是等啊等，就是不见曾国藩睡觉，还

是翻来覆去地读那篇文章。贼人大怒，跳出来说："这种水平读什么书？"然后将那文章背诵一遍，扬长而去！

曾国藩被这突如其来的事情惊呆了，直到贼人背完文章离开后才反应过来，心想："这个人可真是聪明，只听了几遍就能背熟。看来自己还是用功不够啊，还需要继续苦读。"于是曾国藩又聚精会神地读书去了。

小故事大学问

天道酬勤，是指一分耕耘，一分收获，即古今中外所称道的多劳多得，出自《论语》。"天道"即"天意"，"酬"即酬谢、厚报的意思，"勤"即勤奋、敬业的意思，就是说"天意厚报那些勤劳、勤奋的人"。因此"天道酬勤"总的意思是说：上天会实现勤劳的人的志愿。有耕耘就会有收获，我们只要不懈努力，最大限度地完善充实自己，千方百计地提高自己的竞争实力，就会有一个美好光明的明天。

故事中的那个贼人是很聪明，至少比曾国藩要聪明，但是他只能成为贼。而曾国藩自幼勤奋好学，6 岁时入塾读书，8 岁能读八股文诵五经，14 岁时能读《周礼》《史记》，28 岁便考中了进士。可以说，曾国藩仕途顺畅是与其勤奋好学休戚相关的。他学习孜孜不倦，苦读日夜不息，勤于求教，不耻下问，博览历史，重视理学，还读了大量的诗词古文，才华横溢，满腹经纶。由于曾国藩博览群书，涉猎甚广，故在政治上形成了自己独特的观点，连青年时代的毛泽东都很钦佩地称之为"近代最有大本夫源的人"。

“勤能补拙是良训，一分辛苦一分才”。那贼的记忆力确实很好，只听过几遍的文章都能背下来，而且很勇敢，见别人不睡觉居然可以跳出来“大怒”，教训曾国藩之后还要背书，然后扬长而去。但是遗憾的是，他名不见经传。曾国藩后来启用了一大批人才，按说这位贼人与曾国藩有一面之交，大可去施展一二，可惜，他的天赋没有加上勤奋，变得不知所终。

伟大的成功和辛勤的劳动是成正比的，有一分劳动就有一分收获，日积月累，从少到多，奇迹就可以创造出来。没有人能只依靠天分成功，上帝给予了每个人天分，而勤奋将天分变为天才。

在学习中，有些人自恃自己聪明过人，便忽视了勤奋和努力，认为只有笨人才需要日夜苦读，聪明人则不需要，这种想法并不少见。还有些人不能正确运用自己的天分，整天琢磨一些鸡鸣狗盗、伤天害理的事，最终误入歧途。

爱迪生有一句名言：“天才是百分之一的灵感加上百分之九十九的勤奋。”你可能不比别人聪明，但你可以做到比别人更努力，更严格要求自己，而你所付出的努力终将会获得应有的回报。

名人语录

业精于勤，荒于嬉。

——韩愈

爱学出勤奋，勤奋出天才。

——郭沫若

天分高的人如果懒惰成性，亦即不自努力以发展他的才能，则其成就也不会很大，有时反会不如那天分比他低的人。

——茅盾

三更灯火五更鸡，正是男儿读书时。黑发不知勤学早，白首方知读书迟。

——颜真卿

故书不厌百回读，熟读深思子自知。

——苏轼

古人学问无遗力，少壮功夫老始成。

——陆游

没有任何动物比蚂蚁更勤奋，然而它却最沉默寡言。

——富兰克林

没有加倍的勤奋，就既没有才能，也没有天才。

——门捷列夫

我年轻时注意到，我每做十件事有九件不成功，于是我就十倍地去努力干下去。

——萧伯纳

法则6 四兄弟爬山——成功源自坚持

很久以前，在一座巍峨的高山下，住着四个很要好的兄弟。四兄弟在山下生活了十几年，听老一辈人说这山特别高，从来没有人到过山顶。

这一天，四兄弟闲来无事，在一起聊天，其中一个提议道：“我们这几天没什么事情，为什么不试试看能不能爬到山顶呢？我们多带点儿干粮上去，每个人找不同的路往上爬，说不定能有一个人爬到顶啊！”其他人都觉得这个主意不错。于是商量了一番，决定第二天早上，四兄弟各自从东南西北四个方向同时开始往上爬，每个人随身除了干粮还带上一面红色的旗子，看谁能把自己的旗子插上山顶。

第二天一早，天刚蒙蒙亮，四个兄弟就开始从不同方向往山顶上爬了。

从南面上山的是老大，他最机灵，早发现南面的山势比较平缓，所以挑了从这面上山。老大很高兴地往上爬，开始觉得还挺轻松，可是越爬越累。到了中午，老大连抬腿的力气都没有了，他找了块石头坐下来，吃了点干粮，休息了半个时辰，继续往上爬。傍晚，老大实在走不动了，干粮也剩下不多了，老大决定放弃。于是他把自己的旗子插在路边，一边啃着剩下的干粮一边往山下走。

从西面和北面上山的是老二和老三，他们比老大坚持的时间也长不了多少，也是走到快天黑了便决定放弃了。他们也把自己的旗子插在路上，就转身往回走了。

这三个兄弟回到家已经筋疲力尽，躺到床上就呼呼大睡，直到第二天中午。

这时候老四风尘仆仆地赶到家里，虽然一夜没睡，但他看起来很兴奋。

“你爬到山顶了？”三兄弟异口同声地问道。

“是啊。”老四点点头，开始很高兴地描述他在山顶看到的壮观景象。三兄弟羡慕地听着，有点后悔自己没有坚持到底。老四又看看他们，补充了一句说：“其实你们几个也快爬到山顶了，我在山顶往下看时，看到你们插的旗子了，那边离山顶已经不远了，你们如果再坚持一会儿肯定能爬到顶的。”其他三个兄弟更惭愧了，他们互相看了看，心里暗暗想着，下次一定要坚持爬到山顶。

小故事大学问

在学习中，一旦确定了自己的学习目标，我们就要持之以恒地坚持下去，而不要半途而废，因为只有坚持到底，我们才能取得最后的胜利。

法则7 永远的座票——找寻属于自己的座位

有一个人经常出差，而且，他经常买不到对号入座的车票。可是无论长途短途，无论车上多挤，他总能找到座位。

其实，他的办法很简单，就是耐心地一节车厢、一节车厢地找过去。的确，这个方法看上去是很笨，但却很管用。

每次，他都做好了从第一节车厢走到最后一节车厢的准备，但事实上，每次他都用不着走到最后一节车厢就会发现空

位。他说，这是因为像他这样锲而不舍地找座位的乘客实在不多。经常是在他就座的车厢里还空着许多座位，而在其他车厢的过道或车厢接头处却人满为患。

他说，大多数乘客都轻易地被一两节车厢拥挤的表面现象

迷惑了，从不去细想，火车在数十次停站之中，从火车十几个车门上上下下的流动中蕴藏着不少提供座位的机会。

当然也有很多人想到了这一点，也有一部分人付出了行动，但大多数人走上两三个车厢，看到拥挤情况差不多就不愿意再向前走了，甚至后悔放弃了刚才的小空间，白白挤了这么远。

而大多数人根本就没有那份寻找的耐心，眼前一方小小的立足之地很容易让他们满足了。他们觉得为了一两个座位，背负着行囊在人群中挤来挤去有些划不来，况且，他们还担心万一找不到座位，回头连个好好站着的地方也没有了。

生活中一些人安于现状，不思进取，害怕失败，永远只能滞留在没有成功的起点上，同样，这些不愿主动找座位的乘客大多只能在上车时最初的落脚之处一直站到下车。

小故事大学问

生活真是有趣，如果你只接受最好的，你经常会得到最好的。自信、执着、富有远见、勤于实践，会让你握有一张人生之旅永远的坐票。

在学习的道路上，很多人认为自己不够聪明，他们不思进取，害怕失败，结果永远在原地踏步而不愿意向前迈进一步。这个故事告诉我们，要改变这种局面，我们就得学会向前看，锲而不舍地向前走，只有这样才能找到属于自己的那个座位。

法则8 柳公权发奋练字 ——不断进取，才能出人头地

柳公权小的时候字写得很糟，常常因为大字写得七扭八歪受老师和父亲的训斥。但小公权很要强，他下决心一定要练好字。经过一年多的日夜苦练，他写的字大有起色，和年龄相仿的小伙伴相比，公权的字已成为全村最拔尖的了。

从此以后，他写的字，得到同窗称赞、老师夸奖，连严厉的父亲脸上也露出了微笑，小公权感到很得意。

一天，柳公权和几个小伙伴在村旁的老桑树下摆了一张方桌，举行“书会”，约定每人写一篇大楷，互相观摩比赛。公权很快就写了一篇。这时，一个卖豆腐的老头放下担子，来到桑树下歇凉。他很有兴致地看孩子们练字。柳公权递过自己写的，说：“老爷爷，你看我写得棒不棒?”老头接过去一看，只见写的是“会写飞凤家，敢在人前夸。”老头觉得这孩子太骄傲了，皱了皱眉头，沉吟了一会儿，才说：“我看这字写得并不好，不值得在人前夸。这字好像我担子里的豆腐脑一样，软塌塌的，没筋没骨，有形无体，还值得在人前夸吗?”小公权见老头把自己的字说得一塌糊涂，不服气地说：“人家都说我的字写得好，你偏说不好，有本事你写几个字让我看看。”老头爽朗地笑了笑，说：“不敢当，不敢当，我老汉是一个粗人，写不好字。可是，有人用脚都写得比你好得多呢！不信，你到

华原城里看看去吧!”

一开始，小公权很生气，以为老头在骂他。后来想到老头和蔼的面容，爽朗的笑声，又不大像骂他，就决定到华原城里去看看。华原城离他家有40多里路。第二天，他起了个大早，悄悄给家里人留了个纸条，背着布袋就独自往华原城去了。

柳公权一进华原城寿门，见北街一棵大槐树下挂着个白布幌子，上写“字画汤”三个大字，字体苍劲有力，笔法雄健潇洒。树下围了许多人，他挤进人群去一看，不禁目瞪口呆。只见一个黑瘦的畸形老头，没有双臂，赤着双脚坐在地上，左脚压住铺在地上的纸，右脚夹起一枝大笔，挥洒自如地在写对联，他运笔如神，笔下的字迹龙飞凤舞，博得看客们阵阵喝采。

小公权这才知道卖豆腐的老头没有说假话，惭愧极了，心想：我和“字画汤”老爷爷比起来，差得太远了。他“扑通”一声跪在“字画汤”面前，说：“我愿拜您为师，我叫柳公权，请

收下我，愿师傅告诉我写字的秘诀……”字画汤慌忙放下脚中的笔，说：“我是个孤苦的畸形人，生来没手，干不成活，只得靠脚巧混生活。虽能写几个歪字，怎配为人师表?”小公权一再苦苦哀求，字画汤才在地上铺了一张纸，用右脚提起笔，写道：

再尽八缸水，砚染涝池黑；

博取百家长，始得龙凤飞。

老人对公权说：“这就是我写字的秘诀。我自小用脚写字，风风雨雨已练了50多个年头了。我家有个能盛八担水的大缸，我磨墨练字用尽了八缸水。我家墙外有个半亩地大的涝池，每天写完字就在池里洗砚，池水都乌黑了。可是，我的字练得还差得远呢!”

柳公权把老人的话牢牢地镂刻在心里，他深深地谢过“字画汤”，才依依不舍地回去了。

自此，柳公权发愤练字，手上磨起了厚厚的茧子，衣肘补了一层又一层。他学习颜体的清劲丰肥，也学欧体的开朗方润，学习“字画汤”的奔腾豪放，也学宫院体的娟秀妩媚。他经常看人家剥牛剔羊，研究骨架结构，从中得到启示。他还注意观察天上的大雁，水中的游鱼，奔跑的麋鹿，脱缰的骏马，把自然界各种优美的形态都融注到书法艺术里去。

柳公权终于成为我国唐代著名的书法家。可是，柳公权一直到老，对自己的字还很不满意。他晚年隐居在华原城南的鹳鹊谷，专门研习书法，勤奋练字，一直到他80多岁去世为止。

小测试：你学习勤奋吗？

1.你是否定期做学习总结?

(1)不是

(2)有时是

(3)经常是

2.你是否常翻阅以前做过的学习笔记?

(1)常常不这样

(2)有时这样

(3)常常这样

3.在学习较复杂的公式和定理时，你是否是在弄懂的基础上再去记忆?

(1)不这样

(2)有时这样

(3)经常这样

4.在老师讲解例题时，你是否在老师讲解这一步时常常预测下一步将怎样?

(1)不是

(2)有时是

(3)基本上是

5.当老师的解题方法与你的解题方法不同时，你是否常常放弃自己的解法去服从老师的解法而不去问为什么?

(1)常常是

(2)有时是

（3）不是

说明：选（1）得2分，选（2）得1分，选（3）得0分。

分数大于8：

要注意了，你在学习上可不够勤奋哟！

分数在8和4之间：

总的来说，你还是比较勤奋的，继续努力。

分数小于4：

你是个非常勤奋的学生，大家都应该向你学习。

法则 9 范仲淹划粥割齑（jī）——→逆境出人才

“先天下之忧而忧，后天下之乐而乐”，这句千古名言出自宋代著名政治家范仲淹的《岳阳楼记》。千百年来，它激励无数志士仁人，慨然以国家之务为己任，忧民之所忧，乐民之所乐。

范仲淹少年时代便不同凡响。他胸怀凌云之志，刻意在艰苦的环境中磨砺自己。

范仲淹不到 3 岁的时候，父亲因病去世，失去了主要的家庭支柱，他的生活逐渐变得十分贫困。

范仲淹非常好学，并不因家庭的贫困而放弃读书。十几岁时他就只身外出求学，到当时著名的应天府书院拜师学习。那个时候他就已经把国家的重任放在了自己肩上，立志要么当个

好医生，为人治病，解除天下为病所困者的痛苦；要么当个好宰相，治理国家，救万民苍生于水火。

在睢阳学舍求学五载，尽管生活相当艰苦，但范仲淹仍然孜孜以求，笃学不倦。五年间，他没有睡过一个安稳觉，几乎天天都是通宵达旦地读书。困了，就和衣躺在床上眯一会；有时读得头晕了，就提桶冷水往头上淋，使自己清醒。

五年的勤学苦练，使范仲淹学到了不少的知识，懂得了许多道理。也正是由于少时的艰苦生活和勤奋学习使他实现了自己的愿望，当上了宰相，成为宋代著名的政治家。

小故事大学问

困境往往使人发奋，给自己一些必要的压力，是加速成长的阶梯。

美国作家帕特里克说："痛苦使人思索，思索使人明智，智慧使人生命持久。"不正说明了困境的优越性吗？

困境是阻挡弱者的大山，也是熔炼强者的熔炉，更是磨练人才锋芒的砾石。作为一名学生，不要因为自己家境困难就觉得"人穷志短"，要学会自立自强，有句话说得好："逆境出人才。"

只有困难面前不低头的人才能战胜困难，才能在困境中成长。把逆境看成是通往成功的阶梯吧，俗话说，困难是人的教科书，本领是从困难中学会的。所以，战胜困难，就要从书中获取知识，就要学会生活的本领。

由俭入奢易，由奢入俭难。只有困苦才能激励人奋发向上的斗志，今天的苦读就是为了明天的成大器，不要给自己任何推脱的理由，奋发读书吧！

名人语录

要知道，能在困境中保持自强是多么令人崇敬啊！

——朗费罗

患难困苦，是磨炼人格之最高学校。

——梁启超

卓越的人一大优点是：在不利与艰难的遭遇里百折不挠。

——贝多芬

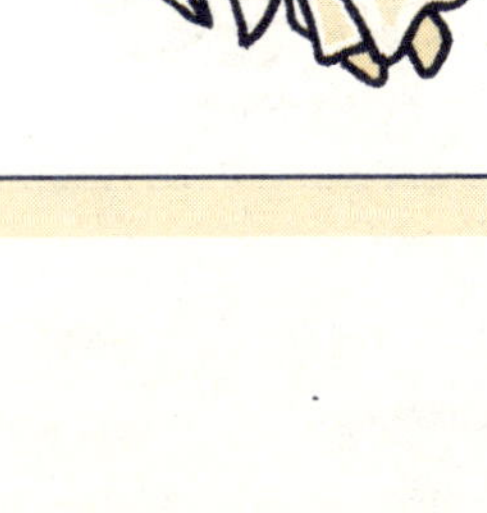

法则10 为自己挖一口井——→成功在于点滴的积累

两个小和尚分别住在相邻两座山上的庙里，他们每天都会在同一时间下山去溪边挑水，不知不觉中，时间过了五年。

突然有一天，左边山上的和尚没有下山挑水，右边山上的和尚心想：他大概睡过头了。谁知第二天、第三天，还是没见他下山挑水。

一个月过去了，左边山上的和尚仍然不见踪影。右边山上的和尚终于按捺不住，他决定去看看到底发生了什么事。

等他来到左边山上的庙里之后，不禁大吃一惊，因为他的朋友竟在练太极拳，而且精神很好，一点都不像一个月没有喝水的人。

练拳的和尚指着一口井笑着说："这五年来，我每天做完功课后，都会抽空挖这口井。即使有时很忙，我也会坚持挖一点。一个月前，井里终于冒出了清水，我也就不必再下山挑水了，可以腾出更多时间，练我喜欢的太极拳了。"

我们是不是也应该为自己挖一口井呢？在你紧张匆忙的生活中，哪怕每天拿出很少的一点儿时间去多读几页书，多学习一些实用的知识，多留意一些别人平时不在意的事情，不经意间，你的积累也许就能在关键时刻助你一臂之力。

小故事大学问

面对每日都要到山下挑水的现状，左边山上的小和尚打算在山上挖一口井，五年里，他每日都坚持挖一点点，最后终于挖出了水井，从此他再也不用下山挑水了，而右边山上的小和尚依然得每日下山挑水。

在我们的学习中，不要小看一点点的收获，或许正是因为这一点一滴的努力，你就能走在别人的前面。记住，先人一步，处处黄金，多留意从你身边溜走的时间，和时间赛跑，那么你就离成功不远了。

像爱玩
那样热爱学习

法则 11 求知若渴的李嘉诚——掌握了知识就是获得了财富

李嘉诚说："无论何种行业，你越拼搏，失败的可能性越大，但是你有知识，没有资金的话，小小的付出就能够有回报，并且很可能达到成功。"

李嘉诚从小就喜欢读书，3 岁就能背诵《三字经》《千家诗》，而且见书就会入迷，是个纯粹的小书虫。在老家潮州时期，他经常在父亲的书房点煤油灯看书，很晚才睡觉。如果不是时局动乱，他可能会继续沿着求学治学的路走下去。可是，老天并没有给他过多的学习机会。

1937 年 7 月 7 日，抗日战争全面爆发后，不到两年的时间，李嘉诚的家乡潮州沦陷，小学未毕业的李嘉诚失学了，但他并没有因此而放弃了学业。因为他知道，只有学习才能让自己明白事理，只有读书才能救中国。于是，他躲进自己家中的藏书阁读书、学习。在此期间，他博览中国古典文学和历代英雄事迹，尤其喜欢屈原、陆游、杜甫的诗词，深受文天祥、岳飞等民族英雄的英雄事迹鼓舞。他决心一定要发奋读书，掌握最有用的知识，为争取国家和民族的自强尽一份力。

在全家逃难到香港后，他进了香港一所中学读书，虽然那时香港还未被日军占领，学习条件比在老家好多了，但是，李嘉诚并未因此忘记了学习的重要性。为了能让李嘉诚上学，他的父亲每天要工作十几个小时，全家人省吃俭用给他筹学费，就是在父亲生命垂危之际，为了支付李嘉诚的生活费，父亲宁愿不治疗、不住院。家人的支持，让李嘉诚更加珍惜来之不易的学习机会，更加刻苦了，在不到一年的时间里他不仅学会了说广州话，还能听懂英文课，用英文进行答题解题了。每当李嘉诚向父亲汇报学习情况时，父亲总是流露出宽慰的笑容。

辍学后的李嘉诚，为了一家人的生计和保证弟妹的学费，

每天要工作 15 个小时以上，就是在这样艰苦的环境中，李嘉诚也不忘学习。他保持了他在上中学时的学习英语的好习惯，每当忙完一天的工作之后，他都静下心来认真地学习英语口语、背单词。由于家里穷，没有多余的钱购买教材，他就去旧书店买一些便宜的、别人用过的旧书，即使是别人用过的旧书，他也把它们当宝贝一样地爱惜。当他把书上的内容都学会后，又将旧书卖给旧书店，有时还能赚回购买旧书的成本，既学到了知识，又省了钱，真是一举两得。每当谈起这件事，李嘉诚都非常兴奋，好像比赚了几亿港币还要高兴。

李嘉诚经常说，知识不仅是指课本的内容，还包括社会经验、历史文化、时代精神等整体要素。知识是新时代的资本，五六十年代人靠勤劳可以成事；今天的香港要抢知识，要以知识取胜。

在商场拼搏的时候，虽然课本知识给了李嘉诚极大的帮助，但有时他还是感觉到自己所掌握的课本知识太有限、太不够用了。为了实现自己的目标，他意识到应该去学习更多、更有用的，在书本上不能学到的知识。在舅父的钟表厂做工期间，他为了学会装配和修理钟表，经常向师傅学习手艺，用空余时间自己动手操作。由于他做事认真、踏实，又经常帮其他职员干杂活，许多同事都喜欢他，并且愿意教他各种钟表的装配和修理技巧。在不到半年的时间，他就学会了各种型号的钟表的装配和修理技术，并且做得又快又好，工厂的人都夸他“伶俐勤快”。

李嘉诚不管学什么，都是非常认真，从不马虎，而且一学就会，这主要是因为他有极强的求知欲。在舅父的钟表厂做了一段时间，他学会了那里的所有钟表技术，渐渐感觉到在那里学不到东西了。他认为，自己现在还年轻，应该出去闯一闯，学习更多的谋生本领，拓展视野、增长见识，以便以后获得更大的成功。于是，具有强烈的求知欲和富有挑战精神他决定离开钟表厂，向更多更广的空间去学习知识和追求更大的发展。

事实证明，他的选择是正确的，也是成功的。在商场这样一本错综复杂、尔虞我诈的“大书”里，李嘉诚学到了别人在书本上根本学不到的知识，获得了无穷无尽的力量。可以这样说，知识就是成就他伟大事业的最有力的“资本”。

小故事大学问

当前，世界上流行这样一种说法：看一个国家、一个民族是否繁荣、富强，就看这个国家、这个民族的人民文化知识水平。这种说法不无道理。即使一个国家暂时还不够富裕，但只要它有有智慧的人民，有重视知识的传统，那就可以断言：这个国家是有前途的。而如果一个国家、一个民族目前很富裕，却供养着一群“不学无术”之徒，其结果必然是可悲的，它一定会渐渐地衰落下去。

古时候，风雨雷电等自然现象都被视作神的行为。每逢大旱，老百姓就杀猪宰羊，送上祭坛，磕头求神，听命道士呼风唤雨。在今天看来，这些似乎太愚蠢可笑了，然而它正是没有知识而导致的必然结果。现在我们有了科学知识，有了人工降雨的办法，即使遇上大旱，庄稼照样可以长得很好。“老天”也不能卡我们的脖子了。人定胜天，就是因为人类有了知识。

李嘉诚语录

新世纪的企业家将和我完全不同，因新世纪企业家的成功取决于科技和知识，而不是钱。

我从不间断读新科技、新知识的书籍，不至因为不了解新讯息而和时代潮流脱节。

从前经商，只要有些计谋，敏捷迅速，就可以成功；可现在的企业家，还必须要有相当丰富的知识资产，对于国内外的地理、风俗、人情、市场调查、会计、统计等都非常熟悉不可。

法则12 孔子拜师——善于观察，学无止境

孔子（前551~前479），名丘，字仲尼，鲁国人。中国春秋末期伟大的思想家和教育家，儒家学派的创始人。

《三字经》中有这样一句话：“昔仲尼，师项橐（tuó）。”“仲尼”大家都知道是孔子，而项橐乃是燕国一少年。

话说孔子周游列国，有一天来到了燕国。刚进城门不远，便被一个燕国少年拦住了马车。那少年走上前来，非常诚恳地说：“我叫项橐，早就听闻孔圣人很有学问，今日特来求教。”

孔子听了十分高兴，笑着说：“请讲。”项橐朝孔子拱拱手，大声说：“请问孔圣人：什么水没有鱼？什么火没有烟？什么树没有叶？什么花没有枝？”

孔子听后说：“你真是问得怪，江河湖海，什么水都有鱼；不管柴草灯烛，什么火都有烟；至于植物，没有叶不能成树；

没有枝也难于开花。”

项橐一听咯咯直笑，晃着脑袋说：“不对！不对！井水没有鱼，萤火没有烟，枯树没有叶，雪花没有枝。”

孔子听了非常震惊，这些话他以前从来没听过，也没在书中见过。孔子长叹一声，对项橐拱手行礼，道：“真是后生可畏啊！老夫愿拜你为师。”

小故事大学问

孔子学富五车，却被一个少年问得哑口无言。这个故事给了我们两点启示：一是学问是无止境的；二是要善于观察、分析、积累。若只是捧着现有的知识，坐而不学，将被社会淘汰。

古人云：学海无涯。知识就像汪洋大海一样没有尽头。学识再渊博的人，也不可能通晓所有的知识。每个人的知识面都是有限的，某一方面的优势并不代表你在所有方面都比别人强。因此，无论你有多么优秀，也要时刻注意发现自己的不足，“知不足而后进”，只有这样，才能在各方面得到不断提高。与此同时，还要善于发现别人的优点。别人虽然有缺点和不足之处，但同样有着优于你的地方，因此千万不可以被自己的成绩或者一时的优势所蒙蔽，骄傲自大。要时刻细心观察一下周围的人，发现他们的长处和优势所在，虚心请教，取长补短，才能使自己全面发展。

正所谓：“海纳百川，有容乃大”，要成为一个优秀的、全面发展的好学生，不仅要刻苦努力，还要善于观察身边的人和事，虚心学习，以弥补自身的不足。

名人语录

用一个大圆圈代表我所学到的知识，但是圆圈之外是那么多的空白，对我来说就意味着无知。而且圆圈越大，它的圆周长就越大，它与外界空白的接触面也就越大。由此可见，我感到不懂的地方还大得很呢！

——爱因斯坦

思维游戏：马尾巴的方向

民间有句谚语，叫"狗朝东，尾向西"。现以马为例。

有匹马走出马圈后，它向东长嘶一声，又调转头奔跑起来。后又右转弯飞奔，接着就地打了一个滚儿，然后又向西走了几步，开始低头在草地上吃起草来。

请问：现在这匹马的尾巴朝着哪个方向？

[答案]马尾巴朝下。

这道题主要就是训练你如何灵活地转移视线。本题开始第一句话的目的就是要限制你的思维，让你产生一种错觉，即动物的尾巴都是有朝向的。如果你把注意力集中在这一点上面，接下来你就会在按照马跑来跑去的思路上去确定马最后停下来的方向，以为只要确定了马停下来的最后方向，按照谚语，就自然会知道马尾巴的方向。这就削弱了注意力的灵活分配。如果你能绕过这种思维"陷阱"，答案自然就很明显了。

法则13 诸葛亮归隐求知——积累知识比积累金钱更重要

诸葛亮，字孔明，三国时期徐州琅琊阳都（今山东沂水）人，是我国历史上著名的政治家和军事家，他的“明智”，一直被后人所传颂，甚至把他当作智慧的化身。

在诸葛亮幼小的时候，父母相继去世，他和弟弟跟随叔父避难来到了荆州首府襄阳。诸葛亮从小就十分爱动脑筋，遇到不懂的问题总要问个明白方肯罢休。由于襄阳交通便利，南来北往的人很多，因此他几乎每天都能遇到一些新鲜的事物，听到一些难得耳闻的奇事。慢慢地，他对社会的认识日益加深。因为叔父的关系，诸葛亮在襄阳期间，先后结交了不少当地的知名人士。诸葛亮常常和他们一起读书吟诗，谈古论今，畅谈天下大事，抒发自己的政治理想。有一天，他对朋友说：“凭你们的才能，如果去做官，是可以当上郡守的。”当朋友们问他时，他笑而不答。而在他心里，其实有着更远大的理想。他常常把自己和春秋战国时期的董仲、乐毅相比。

在诸葛亮17岁那年，叔父去世了，他本想带着弟弟回老家去。这时，被诸葛亮尊为师长的庞德公来挽留他，并劝勉他不要虚度光阴，要致力于学，尤其要多研讨经邦济世的学问。他说，也许现在一时用不着，但来日方长，将来会用得上的。经过深思熟虑，诸葛亮决定留下来。于是，他带着弟弟搬到了

襄阳城西20里的隆中山村，在那里盖了几间草屋，定居下来。

诸葛亮在隆中一共隐居了10年。在这10年里，他平日除参加一些田间耕作外，多半时间都在草堂内掩门攻读。为了实现自己的政治理想，诸葛亮博览全书，用心研究了历史上各个时期的政治、经济情况以及各家学派的思想观点和政治主张。他读书很讲究学习方法，不是泛泛死读，而是“观其大略”，抓住书中的要点，从中吸取有益的思想和教训，作为观察分析当时社会情况的借鉴。通过坚持不懈的努力，诸葛亮的视野越来越开阔，政治见解越来越精深，在荆州地区的名气也越来越大了。公元207年的冬天，刘备亲自带着关羽、张飞，冒着严寒，接连三次前往隆中探访诸葛亮，请他出山相助。此后，诸葛亮全力辅佐刘备，先联合孙权，在赤壁打败曹操，后智取了荆州、益州，建立政权。221年，他劝刘备正式称皇帝，国号汉，他被任命为丞相。

积累知识远比积累金钱更重要
——美国心理学家弗洛姆致儿子的信

我的埃迪：你好！

学习没有止境，知识没有足够。假若一个人认为他已经有了足够的知识，那他就难以在工作和事业中取得突破性进展，难以向更高的地位发展。许多天赋很高的人，终生处在平庸的职位上，导致这一现状的原因是不思进取。而不思进取的突出表现是不读书、不学习，宁可把业余时间消磨在娱乐场所或闲聊中，也不愿意看书。他们对目前所掌握的职业技能感到满意了，认为已有的知识足够用了，意识不到新知识对自身发展的价值；也许，他们下班后很疲倦，没有毅力进行艰苦的自我培训。

如果心甘情愿陷于颓废的境地，尚未做任何努力就承认人生的失败。也许连那个卑微的饭碗都不是十拿九稳的。

一个刚跨入社会的年轻人随着自己地位的逐步升迁，一定有很多学习的机会，假如能抓住这些学习的机会，积累知识，成功就是早晚的事。

一个人无论目前职位多么低微，汲取新的、有价值的知识，将对自己的事业大有裨益。我知道一些公司的小职员，尽管薪水微薄，却愿意利用晚上和周末的时间到补习学校去听课，或者买书自学。他们明白越是努力学习，知识储备越多，发展潜力就越大。

我认识一个年轻人，他出门的时间比在家的时间还要多得多，但无论到什么地方，他总是随身携带书籍，随时阅读。一般人轻易浪费的零碎时间，他都用来学习。结果，他对于历史、文学和科学，都有相当见地。他为自己的前途而如此努力，自然会有回报。他就是你喜欢的《纽约时报》的年轻作家麦柯尔。

从一个年轻人怎样利用零碎时间学习、积累知识就可以预见他的前途。自强不息、随时学习知识追求进步的精神，是一个人卓越超群的标志，更是一个成功的征兆。

有一句格言说："只因准备不足，导致失败。"这句话可以写在无数可怜失败者的墓志铭上。有些人虽然肯努力、肯牺牲，但由于在知识和经验上准备不足，做事大费周折，始终达不到目的、实现不了成功的梦想，实在是令人惋惜，徒留遗憾。

看看职业中介机构的待业者名录吧，多少身强力壮、受过高等教育的人在这里登记，其中大部分人，因缺乏进一步发展的能力而驻足不前、被人超越、丢了饭碗。这些人本来就没有深厚的基础，工作期间又不注意积累经验，增加才能，当然会被淘汰。

比如这种人：在商店里工作多年，只会按顾客的要求拿东西，对商业知识一窍不通。他只是在挣钱糊口，不思考，不关心商品的特点和顾客的需求，如果他不被淘汰的话，只能当一辈子售货员。那些精明强干、善于思考的年轻人，却能在短时间内发现一个行业的秘密，时机一旦成熟，就能独当一面。

我的一个朋友在一个律师事务所任职三年，尽管没有获得晋升，但他在这三年中，把律师事务所的门道都摸清了，还拿到了一个业余法律进修学院的毕业证书。这一切都是为了开办他自己的律师事务所。

我还有不少在律师事务所的朋友，按从业时间来说，他们的资格够老的了，但他们仍然担任着平庸的职务，赚着低微的薪金。

两相比较，前者意志坚定、注意观察、勤于思考、善于学习，并能利用业余时间深造，他将获得成功；后者恰恰相反，不管他们是否满足于现状，他们这样庸庸碌碌地混日子，永无出头之日。

一个前途光明的年轻人随时随地都注意磨炼自己的工作能力，任何事情都想比别人做得更好。对于一切接触到的事物，他都细心地观察、研究，对重要的东西务必弄得一清二楚。他随时随地把握机会来学习，珍惜与自己前途有关的一切学习机会，对他来说，积累知识比积累金钱更要紧。他随时随地注意学习做事的方法和为人处世的技巧，有些极小的事情，也认为有学好的必要，对于任何做事的方法都仔细揣摩，探求其中的诀窍。他所获得的内在财富要比有限的薪水高出无数倍。

儿子，希望你能做个这样的年轻人，在工作中积累的学识是将来成功的基础，是一生中最有价值的财富。

如果你真有上进的志向、真的渴望造就自己、决心充实自己，必须认识到，无论何时、无论什么人都可能增加你的知识和经验。假如你有志于出版业，那么一名普通的印刷工会帮助你了解书籍装帧的知识；假如你热衷于机械发明，那么一名修理工的经验也会对你有所启发。

能通过各种途径汲取知识的人，才能使自己的学识更加广博、深刻，使自己的胸襟更加开阔，也更能应付各种各样的问题。

我常听到有些人抱怨薪水太低、运气不好、怀才不遇，却不知道自己其实处身于一所随时可以求得知识、积累经验的大校园里。因为他们不知道今后一切可能的成功，都要看他们今日学习的态度和效率。

亲爱的儿子，珍惜现在的时光，在大学的殿堂里，好好学习，多多积累知识，这将是你今后取得事业成功的基础。

祝你学习进步！

永远挚爱你的父亲

×年×月×日

法则14 随便翻翻——→不断储蓄你的知识

鲁迅先生是我国著名的文学家、思想家、革命家，他知识渊博，写出了许多优秀的文学作品，同时，他也有很多关于学习的动人故事。

鲁迅先生从小学习就很认真。少年时代，他在江南水师学堂读书，第一学期成绩优异，学校奖给他一枚金质奖章。鲁迅立即拿到南京鼓楼街头卖掉了它，然后用卖奖章的钱买了几本书，还买了一串红辣椒。

这串红辣椒是鲁迅的“秘密武器”。每当天气寒冷，夜读难耐时，他便摘下一颗辣椒放在嘴里嚼，直到辣得额头冒汗，浑身热血沸腾，以此来抵御严寒。

年轻时候的鲁迅先生，不但勤学、苦学，而且博学。除了

读学校规定的功课之外，有关天文地理、花鸟虫鱼的书，无一不读。他对朋友说，读书必须如蜜蜂一样，采集许多花儿，才能酿出蜜来，倘若只停在一处，所得就非常有限了。

不管是什么书，鲁迅先生只要看到了，都会拿过来翻一翻，有时只是看一下目录，有时只是读几页内容。他还写过一篇《随便翻翻》，总结出了一些看书的经验：

一、不要只看一种书，而是博采众家之长；

二、不但要看自己的专业书，也要看看非专业的书；

三、不要只看自己感兴趣的书，也要看自己不感兴趣的书；

四、不要只看本国书，也要看看外国的书，以便得到更多的启发。

鲁迅先生就是把握了这几条原则，长期坚持看书，积少成多，最终成为我国著名的文学大师。

小故事大学问

随便翻翻，随意而自然，没有一点压力，但是效果却是那么的显著。让我们从今天起，只要是可以增长知识的书，我们都拿来随便翻翻，养成爱看书的好习惯。

这种学习方法非常简单，但贵在坚持，想想看，我们每天看一篇文章，从文章中学到一个成语，或者学会一句精妙的语言。一个学期下来，我们可以学到多少东西？而且这些知识不是我们死记硬背的，就那么随便翻翻，就跑进了我们的脑海，储存在那里。

当我们写日记的时候，当我们写作文的时候，当我们想表达一些想法的时候，这些“随便”得来的信息就会悄悄溜出来帮忙，写出连我们自己都吃惊的好文章来。

不必吃惊，我们当然主要是在课堂上获取知识。但要学好知识，光靠教科书、课堂是不够的，还要注意丰富的课外知识。我们可以寻找有关报刊、杂志上的各种知识、文章和图片，进行剪贴、摘录，还可以收集电影、电视中的很多知识，比如《人与自然》《动物世界》《探索》等节目中的很多开阔眼界的知识。

另外，外出旅游时注意观察人文地理，风俗民情以及一些野外自然知识。再把这些知识进行整理，分类成册，记录来源和要点，写下自己的真实感想，那可真是收益无穷了。

法则15 董云七十拜师——学习知识不在早晚

立志求学不分先后。董云七十岁拜师求学，一直被传为“老而好学”的佳话。

董云是明朝嘉靖年间太湖流域的一个著名的学者、诗人。此人喜爱文学，求知若渴，学有所成，颇有些名气。

董云68岁时到浙江会稽山游历，听说王阳明正好在深山里讲学，他赶去听了几次，越听越感到王阳明知识渊博，越发觉得自己知识浅陋。于是，他决定拜王阳明为师。但是当时只有53岁的王阳明推辞再三，执意不肯收长者为徒，并于第二天离开了当地。

不少朋友都劝董云：“你已经这么大年纪，又很有点名气，何必还要那么用功呢?”董云说：“我的年纪虽老，但过去的六十年学的太少了，今天有幸遇见好老师，一定要从头学起。”

董云说到做到。两年后，也就是在他70岁那年，他特意在除夕的晚上，冒着雪，赶到王阳明的住所，向王阳明行了拜师之礼。

小故事大学问

古人说："书山有路勤为径，学海无涯苦作舟。"

人要想不断地进步，就得活到老学到老。对学习不能有厌恶之心。从古至今，有成就的人，哪一个不是勇于学习，不断钻研的呢？而不断地学习，就要依师。因为生来什么都会的人是找不到的。人从小就要通过学习来丰富自己。孔子说："三人行必有我师。"不断地学习别人的长处，自己才能进步。

活到老学到老，才能不断进步。这就需要有善于发现别人长处的能力。如果一天到晚总是在挑别人的毛病，而不去看别人的优点，就很难说有什么可学了。到头来学不到本事的是自己。

法则16 童第周“水滴石穿”——→有目标就会有追求

童第周的父亲是一个老师，在他的童年，父亲就经常给他讲古人刻苦读书的故事，并且还送给他4个字：“水滴石穿”，以此来勉励他，让他好好学习，持之以恒，希望他将来有出息。

原本童第周就是一个刻苦的孩子，有了父亲的鼓励，他学习越发用功了，一有时间和机会，他就投入学习之中，抓住能抓住的每一分、每一秒，以顽强的毅力向着科学的顶峰攀登。

由于家庭条件比较差，童第周只能跟着父亲学习一些文史知识，一直不能进入正规的学校接受全方位的教育。直到他17岁的时候才在哥哥的帮助下，进入了宁波师范预科班。这里不用交学费，还管食宿，穷人家的孩子能在这儿上学，是非常幸运的。童第周十分高兴，他牢牢抓住这个来之不易的机会，刻苦学习，不放过一分一秒。由于没有学习过数理知识，童第周学习起来非常吃力，但他并不气馁，利用一切时间学习。他暗自给自己规划了一个目标，现在先要跟上其他同学，以后一定要考上效实中学。

效实中学是当时宁波第一流的学校，毕业生一般都能进大学，多少人以能在效实中学就读为荣！效实中学对各项成绩都要求很高，尤其是英语和数学，可这恰恰是童第周的薄弱环节。因为他从未学过英语。

确立了要考效实中学的目标后，童第周更加用功了。他开始自学英语，常常学到深夜。家人都有点动摇了，可童第周依然坚定自己的信念，不为旁人所动。但就在童第周刻苦用功的时候，传来一个不利的消息：效实中学这次不招一年级新生，只招到三年级插班的优等生。这下家人没办法了，本来以童第周的基础，考上一年级就已经很费劲了，现在却只招三年级插班生，这可怎么办呢？放弃吗？童第周咬咬牙，这时父亲在他儿时送给他的4个字“水滴石穿”一次又一次地出现在他脑海中，他更加坚定了自己要考进效实中学的想法。

终于，功夫不负有心人，童第周考取了效实中学三年级，只不过成绩是倒数第一。一年以后，童第周从倒数第一变为顺数第一。后来，他以优异的成绩考入了复旦大学，成为复旦的高材生。

名人语录

一个人在他追求既定的目标，追求朝思暮想的、能够带来幸福时刻的感情共鸣的时候，会觉得生活中没有克服不了的障碍。

——瓦西列夫

一个人只要强烈地坚持不懈地追求,他就能达到目的。

——司汤达

一个人常常由这个思想引出那个思想，因而远离了他所追求的正确目标，第二个思想往往减少第一个思想。

——但丁

一个人追求的目标越高,他的能力就发展得越快,对社会就越有益。

——高尔基

那些出类拔萃的人正是在生活的早期就清楚地辨明了自己的方向，并且始终如一地把他们的能力对准这一目标的人。

——布尔沃·利顿

目标愈高,志向就愈可贵。

——塞万提斯

不要只满足眼前,给自己定一个远些的目标,并朝着这个目标走下去,这样人生就不会不充实。

——王绍男

成功的秘诀,就是不屈不挠地追求。

——本杰明·迪斯雷利

坚持一贯的目标才是重要的。所以即使迟钝不聪，只要锲而不舍，也可能发挥相当的作用。

——塞涅卡

走得最慢的人,只要他不丧失目标,也比漫无目的地徘徊的人走得快。

——莱辛

调整心态 愉快而有效地学习

法则17 有钱的乞丐——→自己就是一座宝藏

美国报纸曾记载一项头条新闻：一位身家 10 万美金的老乞丐病死了！有这么高的身价还做乞丐？揣着金钱忍受病痛折磨？这太不可思议了。这则新闻轰动一时，成为街头巷尾人们茶余饭后的热门话题。

周围很多人都很熟悉这名老乞丐，他每天都会出现在街头行乞，也收集一些人们丢弃的东西，带回破烂不堪的居所，积

攒起来一起变卖。老人年龄很老了，看上去身体也不太好，整日咳嗽，弯着腰坚持出来乞讨，似乎一天不出来乞讨就没有饭吃。

“可怜可怜我，可怜可怜我吧！”凄凉的喊声，苍老的面孔，

博得了人们的同情。来来往往的人都会给他几个硬币，老人颤抖着嘴连连称谢。日子就这样日复一日，年复一年的过去了。在人们的心目中，老人只不过是一个穷乞丐罢了，从没有人关注过他。

老人的病越来越重了，他似乎根本没钱看病，每天佝偻着身子，艰难地喘息着到街上来乞讨。“老人家，你似乎病得不轻啊，给你钱去看看病吧。”“买点好吃的给自己补补吧。”很多好心人看到老人的惨状，给他钱，让他看病买营养品。可是，老人只是紧紧地握住了钱，既没有去医院看病，也没有买任何营养品补充自己。他默默地把钱带回，收藏起来。

这名老乞丐病情越来越严重，最后病死在破屋子里。由于他没有任何亲友，他的后事和财产由警方处理。

警方人员无论如何都没有想到，在那样一间破屋子里，竟然发现了总价值超过10万美元的硬币及旧钱！毫无疑问，都是老乞丐积攒下来的。许多人知道后，都不约而同地问：“为什么老乞丐不利用这些钱，过个好生活呢?”

小故事大学问

老乞丐的行为的确让人很想不通，为什么有那么多的钱不用，反而让疾病纠缠自己，甚至因病而亡呢？看来他是不会使用自己的金库。其实，我们每个人都拥有一个取之不尽，用之不竭的宝藏，那就是自己的智慧，智慧的能量发挥有多少，就要看自己潜力的开发有多大。

我们在学习中遇到不会做的题，要么先急着问爸爸妈妈，要么是抄同学的答案。先停一下，仔细想一想：自己是不是真的不会做？把题目多读几遍注意一些关键的词句，联想一下老师讲的知识，把那些知识和题目相连接，或许你一下发现了解题的思路，或许你会发觉到有一点点头绪了。这个时候你要为自己骄傲，可以欣慰地告诉自己：原来题目并没有我想象中那么难，我也可以做出来的！

我们不要像老乞丐那样，只是向人乞讨，希望别人的怜悯，反之，我们应尽情发挥自己的才华和潜能，提高我们的学习成绩，增强自信心。在遇到任何学习困难的时候都不要退缩，先别请教老师或同学，让自己先试一试，打开自己的智慧宝库，把自己所掌握的知识都掏出来应用一下，这不但是一个你解题的过程，还是一个复习基础知识的过程，通过这些尝试，你还可以让你的知识宝库增添很多新的宝贝进去呢！

法则18 积极对待学习工作的王选→保持乐观积极的学习心态

王选是我国著名的计算机专家。在1986年前，祖国大陆的所有报纸和绝大多数书刊仍沿用铅排工艺，劳动强度大，效率低，并且有铅污染。但到了1993年，我国99%的报社和95%以上的书刊印刷厂，都由火与铅的时代过渡到了计算机与激光的时代，而领导这场技术革命的就是王选教授。

1937年，王选出生在上海一个知识分子家庭。父亲是一位正直、严谨的知识分子，母亲也是一位喜欢读书，追求进步的知识女性。父母的文化修养和殷实的家庭环境，使王选从小就受到了良好的教育，养成了宽厚真诚的性格。他积极认真地对待学习与生活。在他读中学期间，班里的墙报一直由他担任

主编，他既要组稿、审稿、写稿，还要一笔一划地把稿件抄好后贴出去。这是一个费时费力的事情，但王选乐此不疲，他觉得这是在为班级做一件极为有意义的事情。

1954 年的秋天，王选考入了北京大学。两年后分专业时，他对自己说，一个人必须把自己的学习、事业和前途与国家的命运联系在一起，这样才能创造出更大的价值奉献给社会。因此他下定决心，选择了当时还是新兴学科的计算数学专业。大学毕业后，王选留校任教，并从事软硬件相结合的研究。在研究过程中，他养成了每做一个项目都要先了解国外现状的习惯。为了加快自己的英文阅读速度，王选开始锻炼英语听力。在两年多的时间里，他每天坚持收听半小时的英语广播，通过坚持不懈地努力，英语水平有了很大提高。

1975 年，王选听说国家有一个汉字信息处理系统工程，其中的“精密照排系统”项目的价值和难度吸引了他。当时他正病休在家，听说这个消息后，马上义无反顾地投入到了研制工作中。为了了解国外研究现状和发展动向，王选常挤公共汽车到中国科技情报研究所查阅外文资料。为了节省研究费用，他常常提前一站下车，靠手抄来节约复印费。在此后的 18 年里，他几乎放弃了所有的节假日，每天分上午、下午和晚上 3 个时间段进行工作。他说，献身科学的人没有权利像普通人那样生活，这样虽然会失去常人所拥有的乐趣，但也会得到常人所享受不到的乐趣，这个乐趣就是工作过程本身。

由于贡献突出，在 2001 年国家科技奖励评选中，王选获得国家最高科学技术奖，赢得了我国科学技术界最高的荣誉。

学习心态测试

1.学习新内容

每当学习新内容时，你在什么时候能专心致志，认真地学?

A.学习的开始

B.学习的中间

C.学习临近结束

D.学习劲头时好时坏

你的选择:______

选 A 的人：是自觉性很强的人。学习状态非常良好，在开始学习新内容时，已拥有充分的心理准备，学习目的非常明确。学习积极性主要来自于内心对目标的明确和对学业的爱好，基本上不必借助于外界的影响和老师的督促。因此，在学习开始的时候，便能全身心地投入，只要坚持不懈，那么，在生活和学业上都会是出类拔萃的。

选 B 的人：是慢性子，性情较随和，但内心又很专注的人。学习的情绪受所学的内容影响较大，只有当所学的内容渐渐地引起兴趣时，才愿意认真地去学。否则是不会全心投入的。这种类型的人学习目的并不十分明确，但对于喜欢的内容还是愿意认真地去学的。外界对这种类型人的影响是慢慢地起作用的，这种类型人的学习情绪不仅受到学习内容的影响，也会受到周围学习气氛的影响。好的学习气氛会使之更愿意学习，而坏的学习气氛则会使之对学习感到厌烦，因此学习情绪起落较大。但有时也会因为对某一内容真的感兴趣而忘记周围的一切。这种专注的精神若能与明确的学习目的相结合，才能有所成就。

选 C 的人：既是注意力容易转移的人，也是很有反省精神的人。或许因为爱好与课程不相符，所以才发生脱节的情形。总的来说，这类型的人有学习的意愿，但对于学业规定的内容却往往提不起劲，学习的心态往往难以调整到与现实需要相符的步调。

选 D 的人：是需要老师和同学严加督促的人，学习动机并不明确，往往是几个动机交替出现，呈波浪式起伏。学习情绪受到外界的影响较强烈，特别是来自同学的影响，所起的作用可能会更大。这种类型的人往往会有很多“独立见解”,和父母谈不拢，和同学倒是侃得来。由于存在学习动机的多变性和受其他同学影响的因素，在交朋友时需要加以选择，如果能选择与那些志趣高远的同学交朋友，高尚的学习动机就能逐渐占优势，不再朝秦暮楚。

2.外语不懂怎么办?

你的外语比起其他同学来已落后了一大截，在这种情况下，你会采取何种做法?

A.下死功夫读

B.多向老师和同学请教

C.干脆放弃,把注意力放到别的科目上

D.期待着将来某个合适时间再补上

你的选择:______

选 A 的人：既是有意志力和毅力的人，也是有很强学习意愿的人，所需要的仅仅是有效的学习方法。如果从未真正下过苦功夫的话。那么,“下死功夫读”这个决定是必要的。

选 B 的人：不仅有较强的学习意愿，也是脑筋灵活的人。不过，有一些人往往会这样：脑筋灵活，也有学习的意愿，但却不愿下苦功。应当检查一下自己是不是属于这一类型的人。

选 C 的人：是缺乏意志力和毅力的人，也是比较情绪化的人。这种偏科现象将为学业带来严重的后果，同时会带来心理压力，影响自我形象。凡事难以全面地、理智地加以分析，而且学习动机也相当模糊，因而难以深刻地理解各门学科对于学业的意义。且不论在其他科目的学习意愿如何。这种畏难情绪，对于今后的人生道路是不利的。

选 D 的人：是喜欢幻想而不善实干的人，也是有拖拉习惯的人。这类型的人总喜欢把明天想象得灿烂辉煌，而今天却得过且过；总喜欢将今天的事拖到明天，将明天的事又拖到后天，习惯于向明天“借债”，而不是让今天为明天积累资本。这种做法，将会使日子越过越沉重。

3.面对别人的荣誉

某位同学取得好成绩而受到表彰，你的态度会如何?

A.不屑一顾

B.跃跃欲试

C.若无其事

D.从内心为该同学感到高兴

你的选择:______

选 A 的人：这种态度源于三种心理：

1.自己的成绩可能不错，于是很高傲，自以为高人一等，与众不同，容易看到别人的缺点，却难以发现别人的优点，而且心胸狭隘，容不得别人超过自己。

2.思想观念有所偏差，认为知识无用，轻视读书，认为成绩好、表现好算不了什么，关键是要有一位门路广的 “好爸爸”。认为将来到社会上去，这些“书呆子”还不如自己混得开呢！或者是：自己比他们长得俊。总之，认为自己有某方面比受表扬的同学强，因而看不起他们。

3.是牢骚大王，自己的成绩不怎么样，理由却有一大套，喜欢搬弄是非，搞小串联，这看不顺眼，那也看不惯，自己不注意团结同学，也影响班上同学的团结。

选 B 的人：是有上进心、不甘服输勇于进取的人。只要能引发自身的热情和动力，就能产生勇往直前的力量，树立奋发向上的精神。这类型的人只要奋发向前，下一次受表彰的名单中，就会榜上有名。

选 C 的人：是很少受到表扬的人。慢慢地形成了这样一种心理定势：表扬是轮不到我的。既然轮不到我，那就是别人的事；既然是别人的事，我可以不管。这一类型的人之所以对别人得到表彰若无其事，只能有两种解释：一是看不起自己；二是还没有认真地生活，只是“游戏人生”，这两种态度都是要不得的。

选 D 的人：是具有健康心理，并善于处理与同学关系的人。这种态度是每一个心理健康的人都应有的正常态度。作为品学兼优的学生干部，会为其他同学取得进步而感到高兴；与受表彰的同学感情很好的，也会为其感到自豪；对自己深具信心，相信自己有实力可以达到自己的目标，就算别人受表彰，也会毫无压力。不管出于哪种心态，这种态度都是良好的，表明心理非常健康，有着与人为善的性格，能看到别人的长处，并能为别人取得好成绩而高兴。

4.取得好成绩的要素

你觉得促使你在学习上取得好成绩的主要因素是：

A.智力高

B.学习方法好

C.老师、父母和同学的帮助

D.学习基础好

你的选择:______

选A的人：是对自己有信心的人。知道优势的所在并加以努力，注意戒骄戒躁、扬长避短。这一类型的人一定会取得出色的成就。

选B的人：是在学习的过程中很肯动脑筋也很善于动脑筋的人。对学习有着相当明确的概念，对自己的各个方面也有着相当清楚的认识，过人之处就在于肯凡事动脑筋，乐于去探索事物的本质和它们相互间的内在联系。只要方法得当，肯下功夫，是没有攻不倒的难关的。

选C的人：是有实事求是精神的人，诚实的人。无论如何，取得好成绩总是令人高兴的。在这个过程中，虽然老师、父母和同学起了重要作用，但也离不开自己的辛勤和努力。这一类型的人能勇于承认自己取得的好成绩离不开他人的帮助，这是难能可贵的。这一类型的人不仅学到了真知识，也学到了好品质，而且会越来越认识到，学习知识的根本途径在于探索。

选D的人：是对自己充满自信的人。学习基础好，是继续学习的一大优势，但千万别骄傲自满、沾沾自喜，因为即使有好的基础，不愿做新的“拼杀”，而仅仅满足于悠哉悠哉地吃“老本”，也就难以取得令人注目的进展，甚至会倒退，“老本”总会有吃光的一天！

5.成绩差的原因

你觉得造成你成绩差的主要原因是什么?

A.知识基础差

B.学习不用功

C.外部因素的影响

D.智力差

你的选择:______

选 A 的人：是有勇气面对自己的人。对成绩差这个现状已有所感触，而且也已做了反省，这正是奋起直追的良好起点。

选 B 的人：是直爽人。能勇于正视自己的缺点，总是贪玩、好动，难以静下心来，或许认为学习是一件头痛的事，总是一碰到“拦路虎”，就没有足够的耐性和毅力去克服，乐得“逍遥”。但不论哪种情况，主要原因还在于对学习的意义认识不明确，对学业缺乏足够的兴趣。

选 C 的人：是容易受环境影响的人。或许确实遇到难以克服的困难。

选 D 的人：这是一个易于推卸责任的选择。如果抱定这种心理而又没有做出相应的努力的话，对学业将是极为不利的：要不会陷入苦恼的深渊，继而信心大失；要不会走向另一个极端，面对自己学业上的落后而心安理得，任其自然，这两种态度都是要不得的。

法则19 爷孙俩与驴子——学习必须有主见

从前，有个老爷爷领着小孙子，牵着一头驴，准备去集市把驴卖掉。

老爷爷边走边给小孙子讲故事。走着，走着，老爷爷觉得不对劲，他留神一听，哦，原来有几个路人正在说他们呢！就听那几个人对他们指指点点，嬉笑着说："嘻，嘻，看那两人，真是一对傻瓜！有驴子不骑牵着走。"

老爷爷一听，觉得有点道理，赶紧一伸手把小孙子放在了驴背上。两人继续向前走，又走了一会儿，经过一家店铺，老板娘正扶着老母亲在门口晒太阳，看到老爷爷牵着驴，小孙子得意洋洋地坐在驴背上，就喊："哎哟，这孩子怎么这么不懂事啊！小小年纪就只顾自己享受，让老人家跟着走路，造孽呀！”

小孙子听了，赶紧爬下了驴背，说什么也不肯再坐了。老爷爷没办法，只好自己坐在了驴背上，让小孙子牵着驴走。

他们走啊走，又走了一段路，路过一条小街道。那里有三五个妇女正在门口带孩子，看到他们走过来，就指着他们议论纷纷：“唉，那老头怎么这么没爱心，让这么点儿个小孩跟在后面跑，遭罪呀！”

老爷爷一听脸红了，赶忙又爬下来。他和小孙子商量：“怎么办呢？总有人说咱们做得不对。”

小孙子说：“爷爷，干脆咱们一起坐在驴背上吧。”

爷爷说：“好！”于是，爷孙俩便一起骑上驴背，继续走。

刚走了一会儿，又遇到一个路人，那路人指着他们说：“你们爷俩真是没人性，看看，驴要被你们压死了！”

“唉，这也不是，那也不是，到底该怎么办呢？”

最后，那爷孙俩干脆用一条大绳和一根长棍，把驴四脚绑上，抬到集市去了！

小故事大学问

爷孙俩真是无可奈何啊，怎么做都是错，都要招人闲话。其实根本不是他们做的对与错的问题，而是这件事情根本没有一个正确的标准，只要他们认定是正确的，而实际上也是适合的，安心去做就对了。

我们学习也是这样，要有主见，不能人云亦云，有些学生“充电”目的不太明确，看到同学们都要去学，就随大家一起报班，实际上就是为了充个面子而已。这样很不理智，既浪费了时间和精力，也不会产生很好的学习效果。利用课余时间充电是好的，但一定要有明确的学习目标。

更有些孩子求学心切，见什么都想学。没有计划，没有目标，一个假期连报三四个班，天天奔波在各个学习班中，疲惫不堪。学习不是讲门面，而是学知识，要有计划地去学，绝对不可以靠牺牲休息、娱乐时间去提高学习成绩。

学习要有主见，要根据自己的实际情况，确定适合自己的学习方式。学习别人的学习方法，想法是好的，但要注意是不是适合自己。另外，轻易不要开“夜车”，因为那样很容易造成连环反应，白天没精神，晚上睡不着。

除了有适合自己的方法策略外，还要有自己的想法和判断，善于发现自己的缺点，从而对症下药，弥补这些不足。

法则20 邮政大臣的选择——→把毫不起眼的事情做到极致

许多年前，一个妙龄女郎来到东京帝国酒店当服务员。这是她的第一份工作，她很激动，暗下决心：一定要好好干！可万万没有想到，上司竟安排她洗厕所！

当她用自己白皙细嫩的手拿着抹布伸向马桶时，胃里立刻有如翻江倒海，恶心得几乎呕吐，太难受了！而上司对她的工作质量要求特高，高得骇人：必须把马桶洗得光洁如新！

她当然明白“光洁如新”的含义是什么，她更知道自己不适合洗厕所这一工作，所以不可能达到“光洁如新”的要求。因此，她陷入困惑、苦恼之中，也哭过鼻子。这时，她面临着人生的选择：是继续干下去，还是另谋职业？继续干下去——太难了！另谋职业——知难而退？她不甘心就这样败下阵来，因为她想起了自己曾下过的决心：人生第一步一定要走好，马虎不得！

这时，单位的一位前辈帮她摆脱了困惑和苦恼，他并没有讲什么空洞的大道理，只是亲自给她示范如何洗马桶。他一遍遍地洗着马桶，直到洗得光洁如新，然后从马桶里盛了一杯水，毫无勉强地喝了下去！他不用一言一语就告诉了少女一个极为简单的道理：光洁如新，要点在于“新”，新则不脏，因为不会有人认为新马桶脏；反过来讲，只有马桶中的水达到可以喝的洁净程度，才算是“光洁如新”，而这一点已被证明是能够办得到的。

她看得目瞪口呆，恍然大悟：“就算一生洗厕所，也要做一名洗得最出色的人！”

几十年后的今天，少女已是日本政府的主要官员——邮政大臣，她的名字叫野田圣子。

工作中能把毫不起眼的事情做到极致，本身足见其伟大，而机遇之门也随之敞开。

小故事大学问

“一室不扫，何以扫天下？”意思就是说，一个人如果连小事情都做不好的话，那又怎能做得了大事情呢？把每一件小事做好，锻炼自己吃苦耐劳、认真负责的精神和意志，才能水到渠成地做好大事情。学习也是这样的，只有平时一点一滴地积累，才能获得渊博的学问。

法则21 探索科学真理的张衡——人的天职在于勇于探索真理

我国伟大的天文学家张衡，字平子，东汉南阳西鄂（今河南南阳）人。由于父亲早逝，他幼年生活十分清苦。但是，贫困的生活并没有使他专注于追求物质享受，反而磨砺出了他朴素而坚强的品格。

张衡从小好学不倦，遇到什么问题都喜欢打破砂锅问到底。一天，他和几个小伙伴来到街上，看见一位铁匠正在打造铁器，便问："铁是怎么炼成的呢？"那位铁匠告诉他："你到城外的河边就可以找到答案了。"小张衡跑到河边，只见岸边一排排高高的炼铁炉，工人们正往炉门里装石头和木炭。他又问："为什么要把石头装进去呢？""这可不是一般的石头，这是炼铁用的铁矿石，铁就是由这些矿石炼出来的。"工人师傅告诉他。小张衡听完解释后，又发现每个炼铁炉都有好几只风箱在鼓风。他又产生了疑问："这些风箱没有人拉，怎么能鼓风呢？"于是，他顺着风箱寻找拉风箱的人。只见河上筑着一条大坝，在被截断河水后的急流中，一个大水轮被冲得呼呼直转，水轮的铁轴连着一根铁杆，一来一回地拉动着风箱。他终于明白了风箱鼓风的道理。

在张衡16岁那年，由于家中的经卷典籍已经无法满足他

的求知欲望，于是他便离开家乡，踏上了游览名都大城，访师求学、探索科学真理的征途。他曾到汉朝故都长安一带，游览了当地的名胜古迹，考察了周围的山川形势、民间风俗和世态人情。18岁那年，他又来到了当时的京都洛阳。5年的游学生活，使张衡积累了丰富的文学素材。为了讽刺当时社会的腐败状况，他逐字逐句地推敲，反复修改，前后花了10年时间写出了名作《两京赋》。

为了学到更多的知识，从公元108年到111年，张衡一直在家里夜以继日地专修学业。一天晚上，已经是五更天了，他还在聚精会神、不知疲倦地钻研着杨雄的《太玄经》，书中涉及了许多有关天文、历法的知识。读着读着，张衡顿觉心里豁然开朗。他对茫茫无际的宇宙产生了极大的兴趣，从那以后，他便开始了对自然科学的学习和研究，很快创造了科学史上许多个第一。他发明了世界上第一台测验地震的“候风地动仪”；创制了世界上第一架观测气象的“相风铜鸟”；第一次正确解释了月食的成因；画出了我国第一张完备的星图等。

怎样才能使孩子具有探索精神?

陶行知的一个朋友因5岁的儿子把金表拆坏了而狠狠揍了他一顿，陶行知知道后诙谐地对朋友说："中国的一个爱迪生被你打没了。"此话很有道理，因为孩子好多东西都不明白，都觉得很新奇，想通过自己的探索活动去看个究竟，在探索过程中损坏一些玩具或其他物品在所难免。如为了想看清鸡蛋里有没有小鸡，会一个接一个地打开它；为了想看看录像带里有没有影子，会把带子拉得满地都是。碰到这种情况，切不可大动肝火，因为父母的责骂会使孩子以后的探索活动缩手缩脚，探索精神的火苗会被熄灭。

有的父母对孩子的探索活动横加干预，这也是不明智的。例如，几乎所有的孩子都喜欢玩泥沙和水，但有的父母怕孩子玩得浑身太脏或搞湿了衣服，便禁止孩子玩这些东西，然而，泥沙和水之所以对孩子有那么大的吸引力，是因为它们在孩子的手中可以千变万化：泥沙可以挖洞，也可以堆山；可以满地撒开，也可以聚成一堆；干了容易飞扬，湿了却成一团，而且干湿的重量、体积各异。水可以装进不同的容器；"可以载舟，亦能覆舟"；可以是点点滴滴，也可以是一束水柱，甚至汪洋大海；呵以成冰，亦能成烟雾；利刃无法断水，泥沙却能分开它，泥沙和水的各种变化，正满足了孩子的好奇心和求知欲，孩子玩泥沙和水的过程，是通过自己的探索去获取感性经验、获取知识的过程，从中能体验到探索的乐趣。又如，孩子都喜欢走高低不平、坑坑洼洼的路，那因为这些变化的路面走起来能给孩子不同的感觉，不像平坦的大道那样单调乏味，能满足孩子的探索需要。可见，对孩子来说，他们的不少活动都是探索事物的过程，只有让孩子充分自由活动，才不会扼杀他们的探索精神。

孩子有时候会有些大胆的想法，千万别认为是异想天开而加以打击，应该给予支持和鼓励，让孩子积极去探索。因为很多发明创造，都是在初看起来似乎“怪诞”的念头中通过探索而实现的。例如电话发明家贝尔，当他发现电流接通和断开，螺旋线圈会发出噪声这一有趣现象时，曾设想到用电传话。好几位电学家对他的想法付诸一笑，可是当时著名的电学家约瑟夫·亨利对他进行关怀和鼓励：“干吧！年轻人，你有一次了不起的设想！”当贝尔胆怯地说不大懂电学时，老科学家又鼓励他：“掌握它！”多年后，贝尔回忆说：“没有这几个令人鼓舞的大字，我是决计发明不了电话的！”可见，鼓励对探索、发明有多大的作用！

法则22 封人学做官——认真是成功的秘诀，粗心是失败的伴侣

从前，有一个叫封人的人，被朝廷派去新疆做地方官。封人没有做官的经验，去上任之前他到处请教，希望可以学一些做官和治理地方的方法。

有一天，封人遇到了圣人孔子的学生子牢。封人很高兴，因为大家都知道孔子懂得的道理非常多，而子牢是孔子的优秀弟子之一。封人想：虽然我不能直接向孔子请教，可是能和子牢讨论讨论，肯定也能学到很多道理和方法。”

封人和子牢讨论关于处理政务和管理百姓的道理，子牢问封人：“你以前种过田吗？”

封人听了子牢的问题，觉得很奇怪，回答说：“种过啊。”

子牢又问：“你种田有什么体会？”

封人想了想，说：“以前，我家的地和我的邻居家的地挨着，我经常叫他一起去地里干活。他经常懒得去，总是我叫他，他才去地里看看。我在地里精耕细作，埋种子的时候把土挖得比较深，按照一定的距离种下种子，定期除草，如果老天下雨下得少，我还要给地里灌水，细心护理我的庄稼。一年下来，我的地里获得了大丰收。可是我的邻居，耕地的时候马马

虎虎，锄草又粗心大意，甚至锄断了苗根和枝叶，到了秋天，结出来的果实稀稀拉拉的，根本没有多少收获。”

子牢听到这里点了点头。封人想了想，又说：“所以，我觉得，种田的道理就是要认真。”

子牢高兴地说：“你说得太好了。种田的道理是如此，做官的道理也是一样的。只要你记得认真，就能做到处理政务不会鲁莽行事，管理百姓不会粗暴简单。我相信，你一定可以成为一个好官的。”

后来，当地百姓都说封人做事情很认真，给大家解决了很多困难，称赞封人是个好官。

小故事大学问

认真，就是要我们全神贯注地完成事情，比如上课的时候要专心地听老师的讲解，作业要仔细地去写。这样才能提高我们的成绩，学到真正的本领，这个故事还告诉我们，只有做事认真的人，才有可能成为最成功的人。

法则23 知错就改的乐羊子——→学习不可半途而废

东汉时期，有个人名叫乐羊子，他的妻子非常贤惠，远近闻名。乐羊子后来学有所成，事业上取得很大的成就，与他妻子对他的支持和帮助有很大的关系。

乐羊子年轻时很穷。有一天，乐羊子在路上捡到一块黄金，高高兴兴地回家拿给妻子。他妻子得知这是乐羊子捡来的，就对他说："我听说有志向的人宁可饿死也不愿接受别人带侮辱性的施舍，品德高尚的人连盗泉的水都不喝，嫌它名字不雅。你怎么会拾取别人丢失的东西而让自己的品行受到玷污呢？我看你最好还是把它送回去。"。

乐羊子听了妻子的话，觉得很惭愧，就把金子送归原处，然后就到外面去拜师求学。一年以后，乐羊子回到家中。他进

门的时候，妻子正在织布，看到他这么快就回来了，觉得很奇怪，就问他说：“你怎么这么快就回来了？才一年时间，难道你就已经把本事学好了吗？”

乐羊子说：“我出门时间长了，很想家。”他的妻子听了，就拿起剪刀，指着织布机上的布帛说：“你看这机子上的丝帛，是用蚕丝抽成丝，由丝再纺成线，再由线一根根织成布，一寸一寸地积累下去，日积月累，不知要费多少功夫。如果我一剪刀下去，日积月累的功夫就白费了。你在外求学也是一样的道理，学问要每天积累，不能半途而废，你应该把本领学好了才回来。”

乐羊子听了妻子的劝导，很受感动和启发，毅然告别了亲人，又回到老师那里勤奋学习。据史书记载，他整整七年没有回过家，终于成为一个道德高尚、学识渊博的人。

小故事大学问

学习是一件极其漫长而艰巨的工作，所谓“学海无涯”，一个人唯有不烦不躁、不弃不辍地学习，才可能学有所成。恒心正是对一个人学习毅力的考验。

名人语录

无论什么时候，不管遇到什么情况，我绝不允许自己有一点点灰心丧气。

——爱迪生

一个人做事；在动手之前，当然要详慎考虑；但是计划或方针已定之后，就要认定目标前进，不可再有迟疑不决的态度，这就是坚毅的态度。

——邹韬奋

一个人只要强烈地坚持不懈地追求，他就能达到目的。

——司汤达

下苦功，三个字，一个叫下，一个叫苦，一个叫功，一定要振作精神，下苦功。

——毛泽东

只要持之以恒，知识丰富了，终能发现其奥秘。

——杨振宁

伟大变为可笑只有一步，但再走一步，可笑又会变为伟大。

——佩思

涓滴之水终可以磨损大石，不是由于它力量强大，而是由于昼夜不舍的滴坠。

——贝多芬

法则24 懦弱的鲨鱼——将失败踩在脚下

曾有人做过实验，把一只凶猛的鲨鱼和一群热带鱼放在同一个池子里，再把池子用强化玻璃隔开，鲨鱼在一边，热带鱼在另一边。最初几天，鲨鱼每天都冲过去猎捕那些美丽的小鱼，可总是撞到那块看不到的玻璃，每次都是碰了个头昏脑涨，始终不能到对面去。

每天，实验人员都会放一些鲫鱼在池子里，鲨鱼就在鲫鱼面前充分展示它海中霸王的威力，对它们横冲直撞。可是，不知道为什么，虽然每天能够吃好，它仍然很想到对面去，尝尝那些美丽鱼儿的滋味，碰了几次玻璃后，仍不死心。

鲨鱼每天吃饱了后，仍是不断地冲撞那块玻璃。它试遍了池子的每个角落，每次都是用尽全力，但每次也总是弄得伤痕累累，有好几次都把玻璃撞出了裂痕，划破身体，浑身破裂出

血。可是，每当玻璃一出现裂痕，实验人员马上就加上一块更厚的玻璃。

就这样持续了好一段时间，后来，鲨鱼失望了，不再去冲撞那块玻璃，对那些斑斓的热带鱼也视而不见，好像他们只是墙上会动的壁画。鲨鱼开始寻找新的乐趣，它开始等着每天固定会出现的鲫鱼，然后用它敏捷的本能进行狩猎，好像又回到海中，自己还是那不可一世的凶狠霸王，但这一切只不过是假象罢了。

实验到了最后的阶段，实验人员将玻璃取走了，但鲨鱼却没有任何反应。每天仍是固定的区域游着，不但对那些热带鱼视若无睹，甚至，那些鲫鱼一逃到热带鱼那边去，它就立刻放弃追逐，说什么也不愿再过去，因为它太怕痛了。

实验结束了，凶恶的鲨鱼被实验人员讥笑为海里最懦弱的鱼。

名人语录

明智的人决不坐下来为失败而哀号，他们一定乐观地寻找办法来加以挽救。

——莎士比亚

失败是坚韧的最后考验。

——俾斯麦

世界上最讨人厌的一种话就是失败者的理由。

——李敖

我主要关心的，不是你是不是失败了，而是你对失败是不是甘心。

——林肯

失败对我们是有好处的，我们得祝福灾难，我们是灾难之子。

——罗曼·罗兰

在我年轻时，我所做的事，十中有九都是失败的，为了不甘于失败，我便十倍努力于工作。

——萧伯纳

一经打击就灰心泄气的人，永远是个失败者。

——毛姆

许多赛跑的人失败，都是失败在最后几步。

——苏格拉底

无数人的失败，都是失败于做事情不彻底，往往做到离成功只差一步就停下来。

——莎士比亚

一个人失败的最大原因，就是对于自己的能力永远不敢充分的信任，甚至自己认为必将失败无疑。

——富兰克林

法则25 丢失的玩具──→不要留恋过去的成绩

茹比的爸爸是一个有名的雕塑师，他雕塑的各种各样的人物和玩具销往世界各地。

茹比很想让爸爸给自己做一个玩具，可是他每次请求爸爸时，爸爸总是说："你自己试试吧。"

没办法，茹比决定自己做。于是他暗暗地观察自己的父亲工作时候的状态，并有心记下来。然后，一有空，就躲在父亲的工作室里，仔细地研究，慢慢地观察。

慢慢的，茹比自己会做一些东西了。一年以后，他已经可以做一些简单的玩具了。他把玩具做成各种造型，有小猫儿、小狗儿，有人物，这些造型都很可爱，栩栩如生。每次家里来了客人，他都要拿出来给客人看，大家都觉得茹比做得很不

错，纷纷夸奖他，茹比也为此洋洋自得。

但是爸爸每次都不发表自己的看法，看了茹比精心制作的玩具，他只是微微一笑。

有一天，茹比发现自己做的好多玩具都不翼而飞，他找遍了家里的所有角落，但是毫无踪迹。

茹比把这件事告诉了爸爸，爸爸沉吟了一会儿，说，"可能有贼进来过。"茹比没办法，只能重新做来。

又过了两个月，茹比的玩具再次被盗。又过了几个月，玩具再次被盗！父亲的态度一直都很淡然。茹比很伤心，同时有点疑惑：为什么父亲从来不设防，也从来不为此而吃惊呢？

一天夜晚，茹比从外面回来，发现工作室的灯还亮着，于是他悄悄地走到窗户底下，往里望去。他看见灯光下，父亲在工作室里踱步，他慢慢地走着，似乎在思索着什么，他一边走一边看着自己儿子的作品。忽然，他好像下了什么决心似的，拿起一把斧头，把自己儿子的作品砸了个稀巴烂！

茹比再也忍不住了，泪水夺眶而出。他哭着冲进屋里，抱住了父亲，"爸爸，爸爸，你为什么要砸我做的玩具？"

看到自己的儿子，父亲有些羞愧，他的脸微微红了一下，但是他的目光很坚定。他慢慢地蹲下来，抱住茹比的头，"孩子，我这么做，其实是想让你不断进步，只有砸掉比较差的，才可以做出更好的"。

十年之后，父子俩的作品都得了好多国内外大奖。

小故事大学问

任何荣誉、成绩只属于过去，过去的荣誉不值得留恋。我们的目标在前方，我们还要向前走，不能躺在过去的成绩上面睡大觉，要不断地进取。只有这样，才能取得更大的进步。

巴西球王贝利在其足球职业生涯中踢了很多好球，然而，当别人问他觉得最好的球是哪一个时，他总是谦虚地说："下一个！"

只有永远对自己不满足，执着地追求，才有可能做到最好。如果只取得了一点小小的成绩就沾沾自喜，驻足不前，是成不了大器、做不了大事的。

法则26 苏轼改对联——骄傲自满是进步的天敌

苏轼是我国宋代的大文学家，他小时候可聪明了，读过很多书，并且写出来的文章也总是被人们啧啧称赞。这样一来，苏轼就有点得意了，觉得自己很了不起，于是就在自家的门前贴了一副对联。这副对联是：

识遍天下字，

读尽人间书。

意思是说普天下的字，全都认识；人世间的书，全都读完，这是多么大的志向啊！但是，这副对联同时也让人感觉作者太不谦虚了。有一位老先生看了对联，心里想：这个小家伙，好大的口气，“识遍天下字”，天下的字你全都识遍了？“读尽人间书”，世上的书你也全都读完了？都识完了，读遍了你就不用再读书了，这么骄傲可不好，我得去提点一下他。于是，老先生就带着一本书，来找苏轼。

“老人家，找我有什么事吗?”苏轼问。

“我是来向你请教的。这里有一本书，里面有些字我不认识，请你告诉我。”老先生翻开书，指着书上的一些字说。

苏轼一看，老先生指的字，他竟然一个也不认识，羞得脸都红了。“这是一本什么书啊，居然会有我不认识的字。”苏轼把书合上，一看书名，更是傻了眼。原来，这本书他连听也没听说过。

其实呀，这本书老先生读得很熟，书上的难字他当然全都认识，只不过是故意来考苏轼。苏轼被难住，不好意思地说："老先生，我知道你来找我的意思，我不该那样骄傲自满，以后，一定要做一个谦虚好学的人。"老先生见苏轼认识到了自己的不是，就把这本书留给了他，并且嘱咐他说：学无止境，可不要轻易满足啊。然后就微笑着离开了。

苏轼听了，受益匪浅，看着那副对联，他又想了想，立刻

在那副对联上又加上了4个字，成了：

发奋识遍天下字，

立志读尽人间书。

这两句的意思是，要奋发努力，识遍天下的字，要立下志愿，把世上的书读完。这次就没有了骄傲自满的意思了，而是表达了自己要刻苦学习的志向。后来，老先生又来到这里，看见了修改后的对联，才点了点头。

从此以后，苏轼更加奋发努力地读书、识字、写文章，终于成了一名大文豪。

名人语录

骄傲、嫉妒，贪婪是三个火星，它们使人心爆炸。

——但丁

骄傲自满是我们的一座可怕的陷阱，而且这个陷阱是我们自己亲手挖的。

——老舍

骄傲总是遭到指责和诋毁，但指责和诋毁它的，主要是那些没有任何东西值得骄傲的人。

——叔本华

决不要陷于骄傲。因为一骄傲，你们就拒绝别人的忠告和友谊的帮助；因为一骄傲，你们就会丧失客观方面的准绳。

——巴甫洛夫

法则 27 从装订工到科学王子——机遇偏爱有准备的人

法拉第是英国物理学家、化学家，也是著名的自学成才的科学家。法拉第小时候受到的学校教育是很差的，他于 1791 年 9 月 22 日出生在萨里郡纽因顿一个贫苦的铁匠家庭，家里人没有特别高深的文化。因家庭贫困，他仅上过几年小学。13 岁时便在一家书店里当学徒。

这是一家装订、出售书籍，兼营文具生意的铺子，法拉第在那里做学徒有机会读到许多科学书籍。小小年纪的他很快被科学知识深深吸引了。他在送报、装订的工作之余，自学化学和电学，并动手做简单的实验，验证书上的内容。

难得的是，他的老板也鼓励他，有一位顾客还送给他一些伦敦皇家学会讲演的听讲证。于是法拉第就经常利用业余时间

参加市哲学学会的学习活动，听自然哲学讲演，受到了自然科学的基础教育。

1812 年冬季的一天，21 岁的法拉第来到伦敦皇家学会，求见著名的化学家戴维。作为自荐书，他带来了一本簿子。里面是他听戴维讲演时记下的笔记，这本簿子装订得整齐美观。他的这种爱好科学研究，专心致志的态度得到了戴维的赏识。戴维正好缺少一位助手，就雇用了法拉第。

同年 10 月，戴维到欧洲大陆作科学考察和讲学，法拉第作为他的秘书、助手随同前往。历时一年半，先后经过许多国家，结识了安培、盖·吕萨克等著名学者，其中几位学者很快发现了这位陪伴戴维的朴实年轻人的才华。

1813 年 3 月，法拉第由戴维举荐到皇家研究所任实验室助手，这是他一生的转折点。从此法拉第开始在科学研究的道路上崭露头角。

小故事大学问

机会总是青睐那些有准备的人，一味坐在那里等机会的人是永远也不会有机会的，而且，即使机会来了他们也不懂得该如何抓住它，只有做好充分的准备，打下坚实的学习基础，当机会来临时，我们才有能力抓住它。

法则28 梅花鹿与狼——没有竞争和压力，就没有潜力的爆发

国外有一家森林公园，养殖了好几百只梅花鹿。人们很爱这些梅花鹿，把森林公园整理得很漂亮，环境幽静，水草丰美，只放了一些兔子，松鼠类的小型动物，没有虎狼等任何梅花鹿的天敌存在。

没想到几年后，这个鹿群不但没有发展，反而病的病，死的死，竟然出现了负增长。这是怎么回事呢？大家都觉得不可理解。森林公园里的管理员们多次召开会议讨论，是梅花鹿的饮水出了问题，还是出现了有毒的植物或病菌？一直没有找到最根本的原因。

一个偶然的机会，森林公园的一个管理员和一个老猎手谈起了这个苦恼。那老猎手听了笑了，“什么中毒，病菌？都不是，是因为你们太宠爱那些梅花鹿了。”

“什么？”管理员大喊起来，“我们这么宠爱它们，反成了害它们了？”

“是的，”老猎手严肃地说，“这些梅花鹿本来就是野生动物，它们需要野外的竞争才能生活得健康结实。可是你们太溺爱它们，让它们生活得很舒适。既不用为食物奔波，也不用为逃命努力，身体没有经受一点考验，当然体质就弱，对外界的抵抗力也很差。所以才会生病的生病，死亡的死亡。”

“喔，说得很有道理，那有什么办法让它们有生气一些呢？”管理员急切地问。猎人说：“放几只狼进去就好了。”

那管理员听了老猎手的话，真的买回几只狼放置在公园里。那些娇惯的梅花鹿在狼的追赶捕食下，只得紧张地奔跑、逃命。

这样一来，那些梅花鹿们再也不能悠闲地生活了，每天处在紧张的戒备状态。慢慢的，除了那些老弱病残者被狼捕食外，其他鹿的体质日益增强，没过多长时间，梅花鹿的数量也奇迹般迅速地增长了。

心·理压力测试

对下列各题做出“是”或“否”的回答。

1.因为发生了某些没有预料的事，你感到心烦。

2.你感觉到你不能控制你生活中的重要事情。

3.你常常感到紧张和压力。

4.你常常不能成功地应付生活中有威胁性的争吵。

5.你觉得不能成功地应付生活中所发生的重要变化。

6.你对把握你的个人问题没有信心。

7.你感到事情不是按你的意愿发展。

8.你发现你不能应付你必须去做的所有事情。

9.你不能控制生活中的一切烦恼。

10.你觉得你所有方面都是失败的。

11.因为事情都是发生在你能控制的范围之外，你会因此而烦恼。

12.你发现你自己常在考虑自己必须完成的那些事情。

13.你不能控制消磨时间的方式。

14.你感觉积累的大量困难不能克服。

15.朋友同学的生日，免不了花钱，你往往不想在这类场合出现以免花钱。

16.若你刚买的鞋穿了一天就裂口了，你会气愤、痛苦地抱怨。

17.你由于某件小事跟好朋友生气，大家互不相让，结果你会一个人生闷气，想忘掉这件事，可就是忘不掉。

18.当父母因为学习责备你而使你感到压力很大时，你不会和他们争吵，一个人压抑情感。

19.你的一个非常要好的朋友，因某些原因转学了，你很难过，不想面对现实。

评分规则:“是”为1分“否”为0分。各题得分相加，统计总分。

0~6分：你能够应付生活中的许多事情，但有时也会有些烦恼，这是正常的。

7~14 分：你有轻度的心理压力，虽然常会体验到不必要的烦恼，但你基本能处理生活中的问题。你应学会调节自己的心情，保持轻松愉快的心境。

14~20 分：你已经在承受巨大的心理压力，你不能处理生活中的许多问题，因此使你紧张、不安、影响到你的学习生活身心健康。你应尽快改变这种情况，否则将使你学习生活不能正常进行。

名人语录

当竞争与敌视同你比邻而居时，谨慎就会茁壮成长。

——格拉西安

人类要在竞争中生存，便要奋斗。

——孙中山

物竞天择，适者生存。

——达尔文

法则29 跨过那道沟——疑虑是实现理想的唯一障碍

四月里，正好是春花灿烂的季节。几个同学去郊外爬山、野炊。那天他们玩得很尽兴，太阳都快落山了，他们还在山顶嬉戏。

一个同学惊呼："天快黑了，我们赶快下山吧。"大家才急急忙忙收拾东西回家。

这时候有人说，有另外一条山路，不到一个小时就可以下山，只是要跨过一条水沟。他迟疑着又说，那条水沟有些深，也有些宽，很少有人跨过去。

望着越来越低的太阳，大家都害怕在山上迷路，还是同意走近路。

走这条近路，真的很快，感觉只是一会儿的时间，就要接近山底了，不过一条水沟横挡在他们的面前。

水沟看起来很宽，沟里哗哗流淌着溪水，在静静的黄昏里发出清脆的响声。这种声音让人感觉沟很深，如果掉进去，会摔成什么样子……怎么办呢？有人小声说："这个水沟好危险啊，我们还是返回去，走安全的那一条路吧。"太阳恋恋不舍地看了他们最后一眼，落到了山下。天突然暗了下来。这时候，一个女同学站出来了。

她拿了一根树枝，比了一下水沟的长度，然后放在地上，说："沟就是那么宽的距离，大家跳跳试试看。"她第一个跳过去，大家一个接着一个，很轻易地就跳过去了。这个女同学说："是吧，不是很宽，很容易跳过去的。"

他们很快就下了山。而且，走过水沟之后，路两旁是一大片桃花林。闻着沁人心脾的花香，令人心旷神怡。大家到家没有多久，就下起大雨来了。大家都笑着说："那水沟并没有我们想象的那么宽，我们的思维把自己限制住了；我们轻轻一跳，不就过来了吗？其实哪有什么绝对的安全啊。如果我们当时选择熟悉的那条路回来，说不定都成了落汤鸡了。"

小故事大学问

有的同学一遇到学习上的难题，首先从心理上就产生了一种恐惧感，认为这是一道自己解不开的题，于是就放弃了努力，而实际上问题往往并没有想象中的那么难，也许只要动动脑筋就能轻松地解决了，只有解开了心理上的障碍，你的学习才会变得轻松有趣。

法则30 自作聪明的小白鼠——依赖不能长久，奇迹要靠自己创造

有一位年轻的科学家，立志研究人类潜在的生命力。他选一只小白鼠来做实验。整天把自己关在实验室里，观察小白鼠面对生命威胁表现出的变化。

每天一大早，科学家就来到实验室，从笼子里抓出那只小白鼠，放进一个透明的玻璃水池内。小白老鼠开始在水里扑腾挣扎，而科学家则站在一旁，一边盯着小白鼠挣扎，一边计算时间。

科学家在玻璃池旁观察小白鼠在水里挣扎的情况，直到那只小白鼠快要溺亡时，才记好时间，慌忙把小白鼠捞出来，放

回笼中。

就这样天天如此，试验进行了一星期，科学家的每天记录显示：小白鼠的挣扎时间在明显增加。由此，科学家猜测，如果让人类也经常接受这样的考验，在面对危险的时候，是不是也能开发无穷的潜能呢？

有一天早晨，科学家又开始继续他的实验。不同的是，他刚刚把小白鼠丢进池中，电话响了。科学家便转身去接电话，那是他的老朋友打来的，两个人好久没见了，一说起话来，年轻的科学家早忘记了池中的小白鼠。

幸亏惯性让科学家很快又记起了他的实验，赶紧侧过身来一看，啊！他大吃一惊，原来那只小白鼠早已被淹死，浮在水面上了。

科学家看看旁边记录时间的表，并没有超出上次多少，为什么小白鼠没有了忧患意识，不再奋力挣扎了呢？

原来，每次科学家将它丢进池中，过了不久，便会将它抓上来。这样连续了几天，那只小白鼠便已经习惯了这个规律：不用那么辛苦挣扎，最终都会有一只手把它捞上去的！

就因为这个观念，它不再去发挥自己的潜能，面对死亡不再努力挣扎，最终被淹死了。

小测试：你的依赖性有多强

如果你明天有事要办，必须早起，你定了闹钟叫醒。那么，你会把闹钟放在哪里呢？

A.需要伸手才能够到的地方

B.放在枕边，轻易能够接到

C.尽量远点，但是保证能听到

结果分析：

A.你很想什么事都自己去做，不想有求于人，而且凡事表现出一副我自己能行的潇洒样子。但其实你非常在意别人的看法，因此在遇到重大决定时，你仍然会征求他人的意见，因为你不想给人留下嚣张跋扈的印象。

B.你属于人见人爱的类型，你非要把闹钟放到耳畔，这样让你觉得可以按时起床，才能安心入睡。你容易依赖别人，同时这个特质也使你容易融入一个群体，让人产生亲切感和保护你的欲望。

C.你是一个拥有过人的领导力的人，因此在团体中总是充当领导者的角色。你遇事镇定，拥有独立的判断和行事能力，这种性格给你带来许多荣耀，但往往也使你树敌很多。所以适时地软弱一点也没什么不好。

法则31 哭鼻子的大仲马——►感动自己，才能感动别人

大仲马（1802~1870），法国19世纪积极浪漫主义作家，他以浪漫主义创作了故事生动、情节曲折、引人入胜的系列长篇小说，并将此体裁发展到了前所未有的新境界。其中，《基督山伯爵》是其数百长篇中最杰出、最成功的一部。

大仲马没有受过正规教育，只当过小职员和抄写员。他自学成才，一生写的各种著作达300种之多，是当时最多产、最受欢迎的作家之一。

大仲马从小热情勇敢、富于幻想，写作的时候常常陷入自己的故事情节中去，而且往往情绪激动，不能自拔。

有一天，大仲马的一位好友前来拜访他，见他正独自坐在书桌前，双手抚摸着稿纸，低声抽泣着。

朋友就坐在一旁的沙发上等，可等了好长一段时间，还不见他的情绪有所好转，就决定去劝劝自己的朋友。他拍了拍大仲马的肩膀，关心地问："亲爱的，到底发生了什么事，令你如此伤心？"

大仲马回头一看，见是好友来了，便把事情的原委诉说了一遍。原来，大仲马正在创作《三个火枪手》，最后由于故事情节发展的需要，其中的一个火枪手非死不可。可大仲马非常喜欢这个人物，想试图改变这个物的命运，然而却无法做到。

他一想到自己喜欢的英雄人物将被自己的笔杀死，而自己对此又无能为力时，就不由得伤心至极，流下了眼泪。

他的朋友听了他的诉说后，笑着对大仲马说："我的朋友，你可知道我已来了多久了……"

这时大仲马的一位仆人刚好从门口经过，听了这话也笑了，说道："先生，您不过来了四十五分钟，而主人却已经哭了好几个小时啦！"

小故事大学问

故事中的大仲马真是感情丰富，一个虚构的人物就能令他如此伤感，可见他已经把自己完全融进了自己的作品里，把自己当成是作品中的一份子。

看来写作有时是要动点真感情的，因为只有先感动了自己，才能感动别人。

那么怎样才能以情动人呢?

首先，必须对生活、对客观对象充满热情。对人、事、景物淡然、漠然，漫不经心的人或说不热爱生活的人，对事物形象不可能有这种感性的感受。所以要写好文章，必须关心时代，投身社会，热爱生活，关注自然。同时，要注意调动起多种心理功能，观察外物时，要注意体验；深入感受时，要展开联想，进入想象，把情感充分激发起来。

其二，情感既要表达自己的内心感受，又要高度提炼浓缩。只有生活味的情感才能打动人，但决不意味着生活原生态的情感一定能打动人。一篇只是表达肤浅的、粗糙的、庸俗的情感的文章，是无法打动人的。情感生活味应是对生活的提炼，是富有表现力和艺术张力的情感。它恪守“三不主义”；不夸张，写作时对情节不夸大或缩小而导致内容变形失真；不失实，内容要经得起推敲，即使是细节也应合乎情理，给人真实感；不矫情，感情自然流露，合乎生活之情，人之常情，而不是牵强和外加的。

其三，有了汹涌激荡的情感，还应和有助于情感抒发的句式、修辞相互配合。所以，在写作时，要灵活运用设问句、反问句和感叹句等各种句式，排比、对偶、拟人等多种修辞手法穿插在字里行间。

擅长学习

才能喜欢学习

法则32 爱迪生巧测灯泡——学习其实有窍门

阿普顿是美国普林斯顿大学数学系毕业的高才生，骄傲的他对带他工作但没有大学文凭的爱迪生有点瞧不起。

阿普顿认为爱迪生没有读过大学，对一些基本的原理根本不懂，常常对他指手画脚，显示自己的专业知识和过人才能。爱迪生明白他的心思，决定好好教训一下这个傲慢的家伙。

有一次，爱迪生让他测算一只梨形灯泡的容积。于是，他拿起灯泡，测出了它的直径高度，然后加以计算。但是灯泡不

具有规则形状，它像球形，又不完全是球形；像圆柱体，又不完全是圆柱体。计算很复杂，即使是近似处理，也很繁琐。阿普顿画了草图，在好几张白纸上写满了密密麻麻的数据和算式，也没算出来。

正忙于实验的爱迪生等了很长时间，也不见阿普顿报告结果，他走过来一看，便忍不住笑了起来，“你还是换种方法算吧!”

只见爱迪生略一沉思，快步取来一大杯水，轻轻地往阿普顿刚才反复测算的灯泡里倒满了水，然后把水倒进量筒，几秒钟就量出了水的体积，当然也就等于算出了玻璃灯泡的容积。

这时，羞红了脸的阿普顿傻呆呆地站在一旁，恨不得找条地缝钻进去。从此以后，他再也不敢在爱迪生面前耍威风了。

创意游戏

1.热带鱼的数目

小明家的鱼缸里养了很多热带鱼，有五彩神仙鱼，还有虎皮鱼。现在知道两种鱼的数目相乘的积数在镜子里一照，正好是两种鱼的总和。你能算出两种鱼各是多少条吗?

答案：两种鱼各是 9 条。

因为在数字中，除了 0 外，只有 1 和 8 照出来依旧是本数，于是知道两种鱼条数的积是 81，81 在镜子里是 18，正好是 9+9，由此可知，五彩神仙鱼和虎皮鱼的数目各是 9 条。

2.现在几点

有一天，丽丽的表停了，就问明明现在的具体时间。结果明明为了捉弄丽丽就给她出了一道难题。明明是这样说的：“如果再过 1999 小时 2000 分钟 2001 秒，我的手表正好是 12 点。你算算现在的具体时间吧。”丽丽当时一听就蒙了。你知道明明说的几点吗?

答案：7 点 7 分 39 秒。因为 1999 小时 2000 分钟 2001 秒是 2032 小时 53 分 21 秒，除去中间是 12 的倍数的 2028 小时，剩下的时间是 4 小时 53 分 21 秒。这个题可以减少为再过 4 小时 53 分 21 秒是 12 点。所以，现在就是 7 点 7 分 39 秒。

3.别致的算式

已知 12345679×9=111111111；12345679×18=222222222；那么，你能否不用计算，就在下面的括号中填入合适的两位数，使等式成立?

12345679×（　）=333333333

12345679×（　）=444444444

12345679×（　）=555555555

12345679×（　）=666666666

12345679×（　）=777777777

12345679×（　）=888888888

12345679×（　）=999999999

答案：由于已经知道了 12345679×9=111111111；12345679×18=222222222 那么要想知道

12345679×（　）=333333333

12345679×（　）=444444444

……

12345679×（　）=999999999

很显然就可以知道：

111111111×3=333333333

111111111×4=444444444

111111111×5=555555555

……

111111111×9=999999999

所以就知道：

12345679×9×3=333333333

12345679×9×4=444444444

12345679×9×5=555555555

……

所以，正确答案就是 9×3；9×4；9×5；9×6；9×7；9×8；9×9，即为 27；36；45；54；63；72；81。

法则33 从倒数第一到名列前茅——→了解你的学习类型

蒂姆·汉特是英国生物学家。在他两岁那年，随父母从家乡来到了牛津市。他从小在牛津大学的校园里长大。牛津大学的科普环境很好，很多学院经常会举办一些开放式的科普讲座，谁都可以去听。小汉特经常是第一个到场的人。在纪念达尔文进化论发表100周年时，生物系举办了各种讲座。专家们对物种起源，人体的新陈代谢等知识的讲解深深地迷住了小汉特，他觉得生物世界真是太奇妙了。

从那时起，他对生物学产生了浓厚的兴趣。而这种兴趣爱好使小汉特在学习上出现了严重偏科，他的生物课成绩在班上一直是最好的，但拉丁语、数学、法语等学科却十分糟糕，因此他的总体成绩在班上经常是倒数第一。小汉特的偏科不是因为他讨厌哪门课而不好好学，他从不放弃任何一门课的学习。但在学习过程中，他十分清楚自己的兴趣爱好，知道自己适合学哪门学科。在中学时期，通过自己的学习体会，他意识到自己并不适合学习数学和物理学科，他曾开玩笑地说："我11岁就成为了拉丁文极差的生物学家。"中学毕业后，汉特考取了剑桥大学。当其他同学还不知道自己适合学什么专业，能够干什么，仍然在犹豫不决时，汉特已经一头扎进了自己所喜欢的生物化学专业里。他从没怀疑过自己的选择，学习十分刻苦。

每天他坚持到图书馆里阅读各类专业书籍，如饥似渴地汲取着知识的养料，成绩在班上名列前茅。

汉特十分明白，如果一个学生的某门课程十分差，人们出于好心，也只会对他进行鼓励，告诉他“要在某门课程上再努力一点，要相信自己一定能行”。一个人适合做什么，只有自己才最明白，别人往往不会给自己指出一条道路来，每个人都有自己的长处，有自己最喜欢和最适合做的事情。只有明白这个道理，人们才能最大限度地挖掘自己的潜力，才能干出一番成绩。他曾告诉一些年轻人说，如果你不知道自己究竟适合做什么，那就去做各种各样的事情，要通过广泛的活动来确定自己的爱好和特长。兴趣是最好的老师。在这一信条的指引下，汉特通过坚持不懈的努力，于1982年发现了在细胞分裂过程中对细胞分裂周期起控制作用的一种蛋白，并因此荣获了2001年诺贝尔生理学和医学奖。

值得借鉴的学习类型

1.提升我们的学习兴趣

并不是所有的学习都能够让我们产生浓厚的兴趣，相反的，有些学习是让我们感到头痛的，更多的时候，我们都只是在强迫自己去接受自己所不喜欢的学习。其实，这种心态是可以扭转的，我们可以把自己原本不喜欢的学科，变成我们学得最有兴趣的那一部分。

学习兴趣是学习的首要问题，怀着浓厚兴趣的学习必将是有效的学习，而这样的学习最值得我们推崇。

2.提升我们的心灵品质

我们一定要明白一个问题：掌握知识本身只占学习很小的部分，通过学习，我们所要达到的是一种自我境界的提升。心灵的品质直接决定着我们面对各种压力的种种外在表现，同时，它还是我们学习中起关键作用的一种因素。学习的过程也是逐步提升心灵品质的一种过程，而这种学习，我们始终不能丢弃。

3.培养健全的人格

我们常会说别人："瞧，这家伙的行为真差劲，他所做的这一切真是让人看不下去。"同样的，如果你没有一个健全的人格，也会遭到别人对你的抱怨。而要弥补这一人格缺陷的最好方法就是不断地投入到学习当中。

4.让我们感到身心愉悦

我们无须为了学习而保持快乐，也无须为了快乐而去学习，而是应该在学习的过程中去体验快乐。我们始终都要把快乐当作是一种过程来体验，而千万不要把它单纯地当作一种目的去追求，这样的学习才能时刻让我们保持一种愉悦的感觉。

5.学有所用

我们在学习中的收获,有相当一部分是来自于它的实用价值,任何没有实用价值的学习都是盲目的,它最终使我们的学习归于失败,而且也会使我们丧失对学习的热情,这样学习就会变成淡而无味的了。

小测试:测测你的学习方式属于哪种类型

所谓学习方式,也称学习类型,是指学生在变化不定的环境中从事学习活动,通过其知觉、记忆、思维等心理过程,在外显行为上表现出带有认知、情绪、意志、生理几种性质的习惯性特征。下列各题请作"是"与"否"的回答。

1.考试时,你一看过题目就马上答卷吗?

2.你觉得出声朗读比不出声读书更容易记住吗?

3.在做计算题时,你是边分析题意边做的吗?

4.一听收音机或录音机,在你眼前就会浮现出形象的场面吗?

5.在接连不断的解题时,你是否精神涣散、注意力不集中?

6.学习时,你一看图解和表格,就能容易地记住吗?

7.你是否因为自己怕羞而认为自己不好?

8.你是否认为看课本和参考书比听人讲解更容易理解?

9.你是否从事情的结果上来判断事情的好坏?

10.你看过课本上的插图和表格之后,它们会清楚地浮现在你的眼前吗?

11.你是否不注意生活细节，举止随便?

12.你对你的英语听力很得意吗?

13.你是否先判断问题的对错，再着手解决?

14.你在记歌词时，是否听唱片或磁带比看文字更容易记住?

15.你是否总是把失败放在心上?

16.你是否感到会读的汉字或英语单词比不会读的更易记住?

评分与解释:

第 2、3、4、7 、12、13、14、15、16 题选“是”记 0 分，选“否”记 2 分;其他题目选“是”记 1 分，选“否”记 0 分。将题号为奇数的题目得分相加，再将题号为偶数的题目相加。其中奇数题测的是认知型学习方式的类型，偶数题测的是记忆型学习方式的类型。

你的奇数题得分:（　　）

你的偶数题得分:（　　）

0 ~ 3 分(奇数题):表明你的认知型学习方式为思考型，即解决学习中的问题倾向于深思熟虑，不草率用事。

4 ~ 8 分(奇数题):表明你的认知型学习方式为中间型，即介于思考型与冲动型之间。

9 ~ 12 分(奇数题):表明你的认知型学习方式为冲动型，反应敏捷、迅速，但往往考虑不周，错误较多。

0 ~ 4 分(偶数题):说明你的记忆型学习方式为听觉型，即你的听觉记忆占优势，听过的东西比看过的东西容易记住。

5 ~ 8 分(偶数题):表明你的记忆型学习方式为中间型，即介于听觉型与视觉型之间。

9 ~ 13 分(偶数题):表明你的记忆型学习方式为视觉型，即你的视觉记忆较听觉记忆好，看过的东西比听过的东西更容易记住。

法则34 节约有方——选择适合自身的学习方法

在一个乡镇上，有一个商人，开了一个粮食店收购粮食。他每天向村民们收购完粮食后，就在家里将粮食从大箩筐中分到小袋子里，然后再运到城里或外地去卖掉。就在他分装粮食的时候，总是会不小心掉下一些粮食，而他却从来不在意，觉得自己生意做得很红火，损失那点儿粮食算不了什么。

商人的妻子却很节俭。每次看到丈夫分装完粮食以后，地上都会洒些粮食，妻子觉得很可惜，就对丈夫说："洒在地上的粮食应该拾起来，丢掉了多浪费啊。"商人嘴上答应了，可是依然没有将粮食拾起来。

于是，商人的妻子自己偷偷把那些粮食重新收起来，装进麻袋里，不知不觉之间居然攒了四大麻袋粮食。

有一年，庄稼歉收，粮食短缺。商人很长时间收不到粮食，生意一时间没办法做了，几乎赔了本钱。这时，妻子想起自己以前攒下的粮食，就拿了出来，化解了商人的燃眉之急，还挣了一小笔钱。

商人很感动，不停地夸赞妻子是个勤俭治家的好帮手。

这件事一传十，十传百，很快就传到了其他镇子上。

有个镇子上的一对夫妻，开了一家食品店。妻子听说这件事，先是惊讶，后来又觉得很受启发，心里也很想在关键时刻帮助丈夫，得到丈夫的赞扬。

于是，他开始趁丈夫不注意时把香肠、面包、汽水等食品偷偷收藏起来，以备货物紧缺时用。过了大约一年时间，妻子觉得到了给丈夫一个惊喜的时候了，就洋洋得意地叫丈夫到后房去看。

丈夫不看还行，一看险些气得昏过去。那些妻子收藏起的东西不是过期了，就是发霉了，还有谁会要呢？丈夫将妻子痛骂了一顿。

小故事大学问

很多人都想不明白，同是练习 110 米栏项目，为什么只有刘翔能够脱颖而出，获得奥运冠军，打破世界纪录，而其他人却成绩平平？后来，刘翔再一次接受采访中告诉了我们答案：他有一整套适合自己的训练方法！

良好的方法，能帮助我们更好地发挥天赋的才能，而拙劣的方法则可能阻碍才能的发挥。学习中，不但要付出辛勤的汗水，还要采用科学的、适合自身的学习方法，这样才能事半功倍。

学习方法有很多，但不是每种方法对于任何人都适用。学习方法因人而异、因学科而异，每个人必须在学习和实践的过程中，摸索出适合自己的学习方法。只有这样，学习才会更加得心应手。

从性格看学习方法

每个人的长相不同，性格也都不一样。每种性格都有它的优缺点。在学习的时候，最好也能选择那种可以发挥自己性格特长的方法。只有这样，才能发掘出自身隐藏的潜力。

外向型

如果平时很爱说话，做事积极，个性活泼，善于与人相处，那么你的性格属于外向型。这种性格适于在短时间里解决问题，适合通过讨论或现场学习获得知识。

内向型

如果安静沉稳，经常感到害羞，不爱说话，那么你的性格就属于内向型，这种性格比较容易高度集中精神，能够长时间地保持良好的学习状态，因此，比较适合独立学习。

感性型

如果感情丰富，容易冲动，那么你的性格就属于感性型，这种性格不喜欢激烈的竞争，更注重在一个和谐的氛围中心情平静地学习。

理性型

如果关注细节，喜欢亲自实践，那么你的性格就属于理性型。这种性格的人喜欢利用音频视频等各种工具来学习，更注重复习而不是预习。

直观型

如果有丰富的创造力和想象力，总是充满疑问，对新奇的事物特别好奇，那么你的性格就属于直观型，这种性格更适于独立确定学习内容，而且比较注重预习。

法则35 楚王射箭——一次做好一件事

古时候楚国有一个神箭手，他能在百步之外射中杨树上的叶子，并且百发百中，楚国的人都敬仰他。

不久，神箭手的名声就传到了楚王的耳朵里。楚王很羡慕神箭手的射箭本领，就请他来教自己射箭。

神箭手对楚王说："学箭是很辛苦的，不仅技术上需要磨炼，而且精神上也要和箭配合，才能百发百中。"

楚王郑重地保证自己一定会全力以赴，于是神箭手就把射箭的技巧倾囊相授。

楚王练习很认真，每天都按时到靶场。刚开始他只能射到十步之外的靶心，渐渐地可以射中五十步之外的靶心，最后君主可以射到一百步之外的靶心了。虽然还不能百步穿杨，但是楚王很高兴。于是他计划去野外打猎，进行实战练习，顺便也可以炫耀一下自己的射箭技术。

打猎开始了，楚王静静地躲在草丛里等待着。突然，一只野鸭子从芦苇丛中振翅飞出，楚王马上弯弓搭箭，瞄准了它。

正要射箭时，忽然从他的左边跳出一只山羊。君主心想，山羊可比野鸭子大多了，射它容易些！于是楚王又调转箭头，对准了山羊。正准备拉弓，右边突然又跳出一只梅花鹿。

楚王又想，这梅花鹿可是很少见啊，如果能射中，多能证明我的射箭水平啊。于是楚王又把箭对准了梅花鹿。

正在这时，他又听见树梢上一阵响动，随从发出一阵惊呼，原来一只苍鹰往空中窜去。苍鹰在楚国可是罕见的动物，楚王动心了，又想射苍鹰。等楚王把箭瞄准苍鹰时，它已迅速地飞走了；楚王只好回来射梅花鹿，可是梅花鹿逃走了；再回头找山羊，可是山羊也早溜了，最后连那一只野鸭子都飞得无影无踪了。

楚王沮丧极了，自己的射箭技术这么好，却没有发挥的余地，他回到王宫，把自己的遭遇告诉了神箭手。

神箭手请楚王来到靶场，围绕楚王一圈放了四个箭靶，让君主用一枝箭同时射中四个靶心。

楚王吃惊地说："这怎么可能？一枝箭一次只能射中一个方向的靶心。"

"这就对了，如果不能全神贯注地把精神放在一个目标上，什么都想射到，就只能射空了，这就是我说的箭和精神的结合。"

小故事大学问

人一次只能做好一件事情，因为人的精力和能力都是有限的。这件事情还没有完成，就想着另外一件，觉得它可能更重要，更需要解决，甚至放下手头的工作去忙其他的；可是心里又惦记着还没做完的每一件事，于是往往会导致都做了一半，都没有做好的结果。还不如老老实实地、全神贯注地，把现在正在做的事情做好。这样，至少有一件事情是实实在在完成的，再做其他的事情时也不会再有后顾之忧，可以全力以赴。

“专一”是一项困难的功能，却是必学的人生科目。因为只有“专一”地把你的精神和力量放到一件事上，才能出色地完成，才能掌握好这项本领，达到你的目标。

法则36 爱提问题的麦克斯韦——→好奇是成功的开始

小朋友，你们喜欢提问题吗？你提的问题多吗？许多大科学家小时候都特别爱提问题，英国物理学家麦克斯韦（1831~1879）小时候就是这样。

有一次，姨妈送给麦克斯韦一篮新鲜苹果。苹果又红又大，真诱人啊！麦克斯韦拿起一个苹果，仔细看了一会儿，问道："姨妈，为什么这个苹果这么红？"姨妈说："太阳照得多，就特别红。""为什么太阳照得多就特别红？树叶天天在阳光下，怎么就不红呢？"麦克斯韦又问。姨妈说："你先不要管为什么，快吃吧。"可麦克斯韦还在继续思索，又问道："为什么我们的眼睛能看出它是红色的？"姨妈回答不了，就让他去吹肥皂泡玩儿。

五颜六色的肥皂泡让麦克斯韦开心极了，他拉住姨妈又问："为什么肥皂泡能变出这么多的颜色？"

麦克斯韦的问题实在太多了，姨妈没法，只好去找他的母亲："你的孩子问个没完，你来回答吧。"母亲也回答不出来，她让麦克斯韦去找父亲。

父亲从书架上取下一本书，告诉麦克斯韦："这本书专门讲光的道理，你长大后读了这本书，就都明白了。"麦克斯韦的好奇心是那么强烈，还没等到长大，他就通读了那本书，终于找到了许多问题的答案。

小故事大学问

遇事总问个为什么，有助于培养我们积极动脑的好习惯，这能帮助我们建立起对事物的浓厚兴趣，而只有对某种事物产生了浓厚的兴趣，我们才有可能在这一领域有所建树，获取成功。好奇是开启成功之门的钥匙，我们都应该牢牢抓住。

法则37 好奇善问的伽利略——打开一切科学的钥匙是问号

伽利略是意大利伟大的物理学家、天文学家，被誉为“近代科学之父”。他在力学上的贡献是建立了落体定律，发现了物体的惯性定律、摆振动的等时性、抛物运动规律，确定了伽利略原理。

伽利略从小就很爱动脑筋，喜欢钻研，看到机械方面的东西，他总想自己试着做一做。当其他孩子在尽情玩耍时，伽利略却把时间用在了做各种各样精巧有趣的机械玩具上。在学校里，伽利略刻苦勤奋地学着各门功课，很快他就学会了拉丁文、希腊文、哲学，就连图画和音乐，他也学得很好。

在比萨大学读书期间，伽利略不仅勤奋刻苦，而且好问。他的好奇心很强，经常提出诸如“行星为什么不沿着直线前进”一类的问题。有的老师嫌他问题太多了，可他从不在乎，该问还问。有一次，伽利略得知数学家利奇来比萨游历，他就

准备了许多问题去请教利奇。这一次可好了，老师诲人不倦，学生就没完没了地问。伽利略很快就学会了关于平面几何、立体几何等方面的知识，并且深入地掌握阿基米德的关于杠杆、浮体比重等理论。

小故事大学问

美籍中国物理学家、诺贝尔奖获得者李政道先生说得好："打开一切科学的钥匙毫无疑问是问号。"因此，要想在学业上有所建树，必须有好奇之心，善问之意。

如果总有问不完的问题，说明你对学习很有兴趣，否则，学习对你来说就是一项被迫完成的工作。只有在对学习感兴趣的时候，才会提出问题。

没有问题的学习，就只是单纯地得到知识，是一种死学习、没有发展的学习。在这个世界上，没有谁从一出生就无所不知。勤学好问，才能促进自己不断地向前走。如果不懂也不问，那么以后自己学习时，可能要多花几倍的时间去学习这个内容。

创意思维游戏

一只体长20厘米的红螃蟹和一只体长15厘米的黑螃蟹赛跑，谁会赢?

答案：黑螃蟹赢。因为红螃蟹已经被煮熟了。

法则38 苏格拉底收徒——多问几个为什么

古代，世界上有两个伟大的教育家：在中国是孔子，在希腊是苏格拉底，两个人至今都被世人称颂不已。苏格拉底也常常被誉为“西方的孔子”。

苏格拉底是生活于公元前469至前399年的古希腊著名哲学家和教育家，靠教授学生知识和道德为生。

有一个年轻人，非常想做苏格拉底这位大哲学家的学生。于是他从家乡出发，风尘仆仆地赶到苏格拉底的住所，请求苏格拉底收他做学生。苏格拉底很爽快地答道：“好啊，不过我收学生有个规矩，对每个人都得先考察一番，要符合我的心意才可以。”那年轻人说：“我愿意接受任何考察。”

苏格拉底对他的回答很满意，就站起身来对这位年轻人说：“现在，请先跟我跳到河水里去。”年轻人心里纳闷，但又

不敢问，于是便顺从地跟着苏格拉底来到河边，听从苏格拉底的吩咐，跳进河水中。

一会儿，苏格拉底也跳进了河中，抱住年轻人的头使劲往水里按，年轻人脑子还没明白怎么回事就被灌了几口河水。明白过来后，年轻人也不敢反抗，听凭苏格拉底又按他喝了几口河水。

苏格拉底越来越猖狂，竟然又猛地骑在年轻人的脖子上，继续不停地往下按。年轻人也就不停地喝水，不一会儿，他就喝了一肚子的河水，觉得心里非常憋气。

“这老师要干吗？考验我什么呢？胆量？喝水？可我怎么觉得他像要淹死我似的呢？”

年轻人再也忍不住了，他害怕自己再喝下去就没命了。于是，顾不得许多，他猛地把苏格拉底掀下水，自己爬上岸去，气呼呼地冲河水里的苏格拉底喊：“我诚心来拜你为师，你为什么这样做，难道想淹死我吗？”

苏格拉底听了，高兴地笑了，连声说：“好，好，知道问为什么就好，我要收的学生就是求知欲望非常强烈的人。”

小故事大学问

如果我们被一个从树上掉下来的苹果砸到，可能只会摸摸头，自认倒霉。但同样的事情发生在牛顿身上，他却从这个现象中发现了“万有引力”定律。我们和牛顿最明显的差别可能就在没有像他那样多问几个为什么。

人们把知识形象地称为“学问”。学问学问，不仅要“学”，还要“问”！

你肯定也注意到了，那些学习好的同学，除了勤奋学习外，同时也是个“问题少年”，总有问不完的问题。

多问几个为什么的好处多着呢。它可以帮助我们弄懂课堂上没有掌握好的知识，巩固自己的知识记忆，加深对知识的理解。

此外，当我们心中有了疑问的时候，就会对相关的现象多留一个心眼。虽然这些现象有时还不能解决问题，但我们对这个问题又有了另一个方面的理解。无形中，我们又学到了其他知识，拓展了知识视野，进而领悟到书本上所没有的东西。

“创造始于问题”。许多大科学家、大发明家就是在对日常生活现象产生疑问时，才得到重大发明发现的。

能多提问，发现自己的不足，当然是一件好事，但不要让自己成为一个只会提问题的机器。在“好问”的同时，我们也要做到“善问”。

遇到问题时，先开动脑筋，想想自己能不能解决。如果真的想不透，那就问同学，问老师，问家长吧。

多提问，善于问，同样也是解决问题的好方法！

法则39 李四光为国争光——→敢于提出自己的意见

李四光是我国现代著名的地质学家，为我国地质学的发展作出了巨大的贡献。

李四光出生于解放前，长大后到国外留学。由于当时的中国贫穷落后，中国人在国外受尽歧视，李四光也不例外。当新中国成立后，李四光就赶回国内，参加新中国的建设。由于国外敌对势力的阻挠，中国日常使用的汽油、煤油得不到进口，给人们的生活造成了很大困难。新中国决定建立自己的石油工业。

新中国成立前，曾有外国专家来中国勘探地质，认为中国没有形成石油的条件，中国的工业用油只能依赖国外进口。新中国成立后，苏联专家来到中国，他们做了一些简单的调查之后，也认为中国地下没有石油资源。李四光则不这样认为。他详细考查了外国专家勘探的结果，发现在中国的北方，地下有

大片大片的可以储存石油的页岩存在。李四光运用自己所学到的知识，分析认为：如果在几千万年前，中国也经历过了第四纪冰川，中国地下就会藏有大量的石油层，储存的石油量在世界上也将是首屈一指的。

为了得到确实的答案，李四光亲自到各地搞调查、钻探。无论条件多么艰苦，环境多么恶劣，李四光都没有退缩。他冒着凛冽的寒风，踏进荒无人烟的东北"北大荒"。李四光相信自己一定能找到石油，证明自己的理论，同时向世界表明：在没有任何外力的帮助下，中国一样可以生产石油，中国有自己的地质学家，中国的地质学也是先进的。为了这个目标，李四光苦苦奋斗着。在李四光的指导下，经过几年的奋战，终于在20世纪50年代末建立了新中国的第一个油田——大庆油田。这令全世界刮目相看，也为中国争了光！

小故事大学问

当你发现老师出现了错误时，你是否有胆量直接向老师提出来？在生活中，并不是任何的事情只要是权威说的就一定正确，只有实践，才能证明结果的对错，所以我们也不要盲目地听信别人，对任何事情都要有自己的认识和思考，敢于提出自己的意见，就等于你向自信、向成功迈出了第一步。

法则40 哥伦布竖鸡蛋——激发你的创造力

哥伦布（约1451~1506），意大利航海家，生于意大利热那亚。哥伦布一生从事航海活动，先后移居葡萄牙和西班牙。他相信大地球形说，认为从欧洲西航可达东方的印度和中国。在西班牙国王支持下，先后4次出海远航，开辟了横渡大西洋到美洲的航路，先后到达巴哈马群岛、古巴、海地、多米尼加、特立尼达等岛，在帕里亚湾南岸首次登上美洲大陆。

哥伦布发现新大陆之后，顿时成了英雄，应邀参加西班牙国王和王后为他举办的庆功宴。与会嘉宾还包括科学家、航海家、探险家和一些贵族绅士。

庆功宴中，一位贵族不服气地说："任何一个人坐上船航行，都能到达西洋的对岸，有什么稀奇。美洲大陆本来就存在，又不是哥伦布发明创造的，值得大家这样大惊小怪！"其他几个贵族也在一旁附和。

哥伦布听到一言不发，朋友们都为他着急，埋怨他怎么不辩解。过了一会儿，哥伦布笑着说："那好，我们来做个游戏吧。"

他叫仆役从厨房拿来几个熟鸡蛋，请大家玩将鸡蛋竖立在桌上的游戏，许多人尝试，却没有一位能将鸡蛋竖立起来。

那个贵族说："那你能做到吗？"

只见哥伦布拿起一个蛋，对准蛋的一端朝桌面砸下去，蛋的一端破了，蛋也稳稳竖立在桌上。

满桌的人顿时哗然，都叫着这算哪门子游戏，三岁小孩也会做。

哥伦布不疾不徐地说："虽然是很简单的游戏，你们却没有一个人会做；知道怎么做之后，大家却都说太简单了！世界上的一切发现和发明，在一些人看来都是再简单不过的，但是，总是在发明者指出应该怎么做之后。"

创意游戏

1.隧道里的火车

两条火车隧道除了隧道内的一段外都是盘旋铺设的。由于隧道的宽度不足以铺设双轨，因此，在隧道内只能铺设单轨。

一天下午，一列火车从某一方向驶入隧道，另一列火车从相反的方向驶入隧道。两列火车都以最高速度行驶，但它们并未相撞，这是为什么?

答案:两列火车在不同的时间里驶入隧道。

按惯性思维，列车从相反方向以最高速度驶入单行隧道，它们是不可能不相撞的。但是，我们利用一下创新思维，注意一下命题中所给的时间限制是“一天下午”，一个下午的概念是六个小时，从中我们可以得到答案，两列火车到达隧道时的时间是不同的。

2.最后一个字母

英语字母表的第一个字母是A，B的前面当然是A，那么最后一个字母是什么?

答案：太容易了，你可能脱口而出是“Z”可是难道你不觉得这样答太容易了吗? “过分容易”的问题、你更要全面思考，认真回答。Z是26个字母中最后一个，题中问的是英语字母表的最后一个字母，不知你体会到了题中用意没有。正确答案应该是T。因为alphabet(字母表)的第一个字母是A，最后一个字母是T。ALPHABET。

3.分蛋糕的卡比

蛋糕房里的伙计卡比一天收到了一份奇怪的订货单：订做9块蛋糕，装在4个盒子里，每个盒子里至少要装3块蛋糕。这可难倒了卡比，但最终他还是给了顾客满意的答复。你知道他是怎么做的吗?

答案：如果运用常规思维我们也许真的无法解决这一难题，但是聪明的卡比进行了非常有创意性的思维。他先将9块蛋糕分装在3个盒子里，每个盒子放有3块蛋糕，再把这3个盒子一起放在1个大盒子里，再用包装带扎好。

4.紧急避免的车祸

有一辆没有开任何照明灯的卡车在漆黑的公路上飞快的行使，天还下着雨，没有闪电、没有月光也没有路灯；就在这时，一位穿着一身黑衣的盲人横穿公路！在这千钧一发之际，汽车司机紧急地刹车了，避免了一次恶性事故的发生。为什么会是这样呢？

答案：漆黑的马路是公路的颜色，当时是白天。

当看到这道题中“漆黑”两个字的时候，人们理所当然的就把它认为是用来形容黑夜的，但是出题者就是在这里给我们的惯性思维打出了一颗闪亮的信号灯。

法则41 神刀蒲元——勇于尝试新方法

三国时期，蜀国举行比武大会，全国各地的高手都带着自己的武器来了。

又一场比赛开始了，一个彪形大汉手持一条大铁棒冲上来，和一个拿刀的年轻人打在一起。他们这么刀来棒去打了一阵后，突然大汉举棒向年轻人打来，年轻人竟然不避，举刀一横，只听“当啷”一声，大家都以为年轻人要送命了，没想到竟

然是大汉的铁棒断成了两截。

大家都称赞年轻人手中的宝刀，年轻人笑了，说：“这只是‘神刀蒲元’造的一把普通刀。”

蒲元家世代打铁，传到他的时候已经是第10代。蒲元从10岁起就开始打铁，心灵手巧的他很快就掌握了打铁的技巧，

打出的农具、刀、剑又好用又漂亮，在当地颇有名气。

不过那个时候打出来的铁器，很容易钝掉，用不了多久就要换新的。蒲元很想改变这种状况，一直坚持寻找更新的方法，一次次失败都没有让他泄气。

这天，蒲元又打造了一把刀，虽然加入了他自创的新技术，可是并没有什么大的改进。他非常难过，又加了火，开始重打。这次他看着烧得通红通红的刀并没有动锤去打，愣在那里呆呆出神，他还在想如何使刀变硬的方法。

等他回过神来，那把刀已经冷却、变硬了。蒲元想，铁烧红了可以变软，凉了可以变硬，那么让它突然变凉会不会变得更硬呢？有了新发现，蒲元兴奋起来。他又烧热了手中的刀，赶快扔进水里，随着“嘶嘶”的声响，铁刀冒出很多气泡。等刀冷却后，蒲元拿试铁刀一试，这把刀竟然把试铁刀砍得裂了条缝！

蒲元高兴坏了，赶快用这种方法又打造了好几种铁器，果然都是锋利无比。

小故事大学问

好方法都是想出来的！

蒲家原本世代打铁，只要老老实实按祖传的方法打好铁就可以了。可是蒲元没有满足，他不断发现问题，不断尝试，终于解决了问题，蒲元没有现在这么先进的科学知识，他用自己勇敢的尝试创造出了人间的奇迹。

从我们上学开始，我们就接触到了无数种学习方法。爸爸妈妈教的，老师讲的，还有自己从书本上学来的，多种多样，可是你可千万不要以为把这些学习方法全部用上，就能取得好成绩噢！因为每个人都有一种不同的学习方式，你现在用的一些学习方式也许根本不适合你，有的反而对你是一种束缚。

怎样才能找到最适合自己的学习方式呢？神刀蒲元就是我们的学习榜样，多试就是诀窍。

试着在每一个季度用不同的学习方法，看看这种方法到底适不适合你。所谓的适合就是可以使你学习感到有明显进步，感到这种方式可以开发你的潜能，不再感觉学习是一种压力，是一种苦差事，你可以掌控学习，而不是让学习支配你的情绪。找到这样一种适合自己的学习方法就可以安心努力学习了。

也许一次，多次尝试就可以找到适合自己的学习方法，也许尝试了好多次都找不到理想的方法。不要着急，我们还可以把多种方法结合起来，相信总有一种是适合你的！

法则42 祖冲之精算圆周率——→创新才能进步

祖冲之是中国历史上也是世界历史上著名的数学家。祖冲之自幼喜欢钻研问题，对每件事都深入思考，在没有得到证实之前，他从不轻信任何事。对于弄不明白的事情，无论花多大的力气，祖冲之都要弄个水落石出，尤其在他最喜欢的数学方面，他只要有疑惑，就一定要验证是对还是错。

祖冲之在深入学习了以前数学家的著作以后，发现他们对于一个叫圆周率的问题解释各不相同，得出来的结果也是不一样的。祖冲之决定搞明白这个问题。圆周率就是计算圆的周长与圆的直径之比例。换句话说，就是圆的周长是圆中最长的一条线的几倍。要想算出精确的数值，就需要大量精确的数学计算。最长的直径还是比较好计算的，但周长怎么才能从数学理论上计算出来呢？这就需要利用正多边形，如：三角形、正四边形、正五边形、正六边形……以前的数学家为了求出结果，也都进行了大量的精密计算，但是由于各种原因，结果往往是有很大误差，只是由于这些数学家的名气很大，人们一般都沿用他们计算出来的结果，而不敢花大量的时间去纠正他们的结论。

但祖冲之为了数学计算结果尽量与实际结果相一致，决心算出最符合实际情况的圆周率来。祖冲之认真学习了当时最先进的理论，按照这个理论对每个数字都要重复进行七次计算，确保结果没有差错；然后，祖冲之用圆内的最大正多边形的周长来除以圆的直径。在当时没有任何先进的工具，甚至连珠算都没有的情况下，祖冲之坚持用手工计算。这样所计算的数字是相当庞大的，在这庞大的数字当中，任何一个数字的出错都会影响最终的计算结果。祖冲之却只是用手工计算的方法，就精确地计算出了圆周率的数值大约在 3.1415926 到 3.1415927

之间，比欧洲人计算出同样的结果早了1000多年。

祖冲之不局限于前人的计算结果，勇于突破，大胆创新，为中国数学事业的发展作出了重大的贡献。

小故事大学问

我们在学习和工作中，不要局限于前人取得的成就，要在运用前人的成果时，大胆地创新，大胆地实践。只有如此，我们才能取得不断的进步，祖冲之就是因为没有拘泥于前人的判断，才精确地计算出了圆周率，为我国的数学进步作出了重大的贡献。

所有成功者

都是阅读者

法则43 视书如命的彭总司令——读书给人以乐趣、光彩和才干

敬爱的彭德怀总司令很爱读书。在彭总司令的家里，桌上、床上、柜子、箱子里，到处都是书。他经常说："别看我是个粗人，我可知道孔夫子的用处。"彭总司令把孔夫子作为书的代名词。他从中南海搬到吴家花园时，一再嘱咐警卫人员："书，一本也不能丢。"于是，他的新居又成了图书馆。

彭总司令为了多读点书，读得更深更透彻，经常到中央党校去找老师请教。他常说："干工作凭好心肠不成，得先学习，先调查。有的人只爱他的命，却不爱惜他的时间。时间都白白地过去了，他那条命除了用来吃饭，还有什么用咧？"因此，他不只自己努力学习，还督促自己身边的工作人员刻苦学习，

并告诉他们："学文化不是为了学几个字记豆腐账，是为着学一门本事为人民担责任，学出一个好脑袋为人民想点问题。"

小故事大学问

俗话说："腹有诗书气自华。"读书是增加修养、实现梦想的一个重要基础。而且，坚持阅读还可以培养坚强的意志和恒心。

书本是人类精神上的营养剂。缺少了它，生活必有缺陷。当我们烦闷的时候，读书可以解闷；当我们愁苦的时候，读书也可以使我们忘忧。

高尔基曾经怀着对真理坚定无疑的信念对大家说："热爱阅读吧！它能使你的生活轻松愉快，能友好地帮助你从思想、情感和事件的千头万绪中梳理出眉目来，它会教导你尊重别人和自己，它将以热爱世界、热爱人类的感情熏陶你的身心。"

名人语录

一座没有书的房子，犹如一个没有窗户的房间。

——哈曼

当我觉得一本书给我讲到闻所未闻、见所未见的人物、感情、思想和态度的时候，每一本书似乎都在我面前打开了一扇窗户，让我看到了一个不可思议的、崭新的世界。

——高尔基

养成读书的习惯，就给你自己建造了一座逃避人生几乎所有不幸的避难所。

——毛姆

你从父母那里学会爱，学会笑，学会走路，可是一打开书本，你会发现你有了翅膀。

——多蒂

法则44 王若飞的《工读时间表》——挤出时间来读书

王若飞是我党早期杰出的无产阶级革命家。他生于1896年10月，贵州安顺人。从青年时代起，王若飞就投身革命，在法国勤工俭学期间，1922年6月参与发起成立旅欧中国少年共产党，积极从事马列主义的宣传。

王若飞在赴法国勤工俭学期间，曾在一家钢铁厂做工。钢铁厂的工作是非常劳累的，大多数工人每天都是上工、休息、休息、上工，过着疲惫而规律的生活。可是王若飞并没有因为劳累就停止学习。他告诫自己：再苦、再累，一定不能忘了读书。于是，他每天除了8小时的繁重体力劳动外，还坚持挤出尽可能多的业余时间来读书。

可是一天只有24个小时，人总要吃饭、休息啊，读书的时间怎么挤呢？刻苦学习的王若飞想到一个办法，他把自己的

时间做了详细的规划，制定出一张作息时间表：

上午：5 点准时起床。

5 点半到 6 点半：读书。

6 点半：吃早餐，喝咖啡。

7 点：入厂（由宿舍到厂需走一刻钟）。

7 点到 11 点半：做工。

12 点到 12 点半：吃午饭（回宿舍自己做饭）。

12 点半到 1 点：读书。

1 点：出发入厂做工。

1 点半到 5 点半：做工。

5 点半到 6 点：吃晚餐。

6 点半到 9 点：读书。

9 点半后：睡觉。

早晨一个钟头，中午半个钟头，晚上又是两个半钟头，加在一起就是四个钟头。每天四个钟头，一年就是一千多个钟头呢！

这就是王若飞的办法，拼命挤压自己的时间，让每天的每一分钟都得到充分的发挥。从这张时间表上可以看出，王若飞每天除了用餐和睡眠以外，几乎把全部工余时间都用在了读书上。从书中，王若飞了解了许多先进的革命道理，为他以后的革命工作打下了坚实的基础。

小故事大学问

这张“时间表”，给我们两个启示：一是时间要靠自己去挤，不论工作多忙多累多紧张，只要不懒惰，学习时间还是能挤出来的；二是挤时间要讲究科学，怎么挤时间、挤什么时间，都要考虑合理性，顾及长远性。比如，王若飞学习虽然争分夺秒，但晚上读书并不是通宵达旦，而是保证足够而必要的时间休息，合理分配好学习和工作的时间。目前，有些孩子为成才而挤时间学习，但有的“挤”法不科学，几乎不给自己留休息时间，昼夜不分。这样，一两天尚可，时间长了，便会弄得自己疲惫不堪，甚至熬垮身体，很难持之以恒。

很多名人在挤时间学习上都注重科学性。巴尔扎克在20年的写作生涯中，写出了90多部著作，塑造了2000多个不同类型的人物。如此高产，与他巧加运筹、科学利用时间分不开。他的创作时间表是：从半夜到中午工作，就是说，在圈椅里坐12个小时，努力思考和写作；然后从中午到四点校改；五点用餐；五点半睡觉。倘若他没白没黑地写作，手中的笔始终写个不停，那么，用不了多久，他也会累垮的，怎么可能有这么多巨著流传于世呢？

因此，既不能贪图安逸和享乐，浪费、糟蹋业余时间，也不能以透支身体为代价来工作和学习。要像王若飞那样，制定一个科学的作息“时间表”，合理运用业余时间，这样才能在求知成长之路上取得出色的成绩。

法则45 徐特立读书──→读书要有好方法

徐特立(1877~1968)，原名懋恒，湖南长沙人，伟大的共产主义战士，杰出的无产阶级教育家。他的一生，为人民教育和无产阶级革命教育事业做出了卓著的贡献。1947年1月10日，徐特立70寿辰，中国共产党中央委员会特意发表了贺信，信中颂扬了徐老的许多崇高品德，并且写道："你对自己是学而不厌，你对别人是诲人不倦，这个品质使你成为中国杰出的革命教育家。"

青年时期，徐特立就酷爱读书，认为读书可以"明人生之理，明社会之理"。18岁时，为了谋生，他在做医生还是当塾师之间选择了后者，从此开始了"一生都教书"的道路。然而，他白天教学生读书，晚上自己还要去拜先生学本领，因为"自己明理了"，才能"把所明之理教给学生"。

徐特立读书时很讲究方法，积累了一套行之有效的读书方法。

一是日积月累法。徐特立学《说文解字》时，把540个部首分作一年来读，每天只读两个字。他教学生学这些部首时，只要求他们每天记一字，两年学完。他在43岁时开始学外文，用的也是这个方法：每日学一个生字，一年学365个字。这样持之以恒，终于学会了法文、德文和俄文。他说："读书时常

有‘走马观花’、‘狼吞虎咽’、‘囫囵吞枣’、随读随忘的毛病。不切实际地贪多，既不能理解又不能记忆。我的读书方法总是以‘定量’、‘有恒’为主。”

二是古今中外法。徐老小时候读过很多古书，后来又出国攻读自然科学和社会科学，知识很渊博。他主张读书面要广一些，古今中外的书都要读。正像他所说的：“古今结合，中外结合，融会贯通统统变成我的。就像吃牛肉也好，吃狗肉也好，吃下去后统统变成我的肉。”

三是借书摘抄法。摘抄要选择，在选择中加深理解。选择必须分析，通过分析才能掌握要领。徐老在湖南时，听说书报流通社有《联共（布）党史》，就去借了来。在学习下册时，他就是采用抄读的方法。但他不是全抄，而是摘抄，并且做详细的分析，结果他对下册的理解就比对上册的理解深刻。后来，即使在买书不难的情况下，他也主张抄一点书，因为这样可以做到眼、手、心三到，便于深刻理解书中的内容。

小故事大学问

读书需要日积月累，要把每一个字、每一个词完全理解。因此，我们每天的学习量不需要太多，而要注重质量。如果没有把所学的知识完全理解，只是死记硬背，那么即使当时学会了还是会很快忘记。

书读了要用，记忆是最基础的，不能记忆便不能活学活用。古人说："买书不如借书，借书不如抄书。"读书时一定要做到眼、手、心三到，边抄、边读、边记，这样才能加深对知识的理解和记忆。

徐特立的读书"七要"

徐特立是毛泽东同志的老师，一生勤奋好学，总结了许多学习经验，他认为读书学习应做到以下几点：

1.学习要有时代性：因为历史上成功的学者都是为着改造或建设当时的新时代而立言的，一切学习都包含着无限的斗争精神。

2.学习要抓住基本的知识：即不好高骛远，而忽略基本的东西。喜马拉雅山是世界著名的高山，因为它是建立在青藏高原上，是幅员广大的高原上的一个高峰。假如把喜马拉雅山建立在河海平原上，八千公尺的孤峰是难于存在的，犹如无源之水是易于枯竭的。

3.学习要有方法和立场：中国古代诸子百家均有自己的独到处。唯杂家什么都有一点，而没有专长，等于抄书匠，无一成功者。所以，学习虽宜无书不读，但不是毫无方法毫无立场的。

4.学习要有事业和职业的目的以及长期的计划：为学习而学习的学习和无计划乱抓的学习，都是不对的。……应该为工作而学习，不是以工作来帮助学习，而是以学习来提高工作的能力，加强工作效率。

5.学习要有一定的中心对象，使一切学习围绕着它：像建军一样，要有基干部队作领导；像作战一样，其中心对象是守住这一据点。

6.学习要抓住要领：中国的学者自古以来总是贪多而找不到中心的一环……，虽劳心劳力无成功。

7.学习要有批评的、革命的、实践的精神：对于古人的学术遗产及对于自己过去的著述，都要把它当成历史看，而加以批评地重新审查。

法则 46 毛姆的阅读方法——依据情绪选择阅读

毛姆是英国 20 世纪著名的小说家、戏剧家和文艺批评家。他小时候父母双亡，由伯父扶养成人。他先开始学医，后来改为学习文学。他一生喜欢读书，把读书看做是一种乐趣。

每天清晨，毛姆在开始工作之前，总要读一会儿书，书的内容不是科学就是哲学，因为这类书需要清醒而且注意力集中

的头脑；当一天紧张的工作结束后，心情比较轻松，又不想从事激烈的心智活动的时候，他就读一点儿历史、散文或人物传记方面的书；夜晚，他常常读一些小说；平时，他的手边往往喜欢带一本诗集，预备在自己有了读诗的想法的时候，随时可以拿来阅读。在床头，他就放一本随时取看、也能在任何段落

停止、心情一点儿也不会受到影响的书。比如《草叶集》是一本适于在任何地方阅读的书。你可以根据自己的兴趣来读，看到不合意的地方，就跳过去，随意从另外一段重新开始往下读。毛姆完全按照自己的兴趣来读书，他觉得，自己同时读五六本书更加合理。

为什么要这样读书呢？毛姆自己解释说：“因为，我们无法每一天都保有不变的心情，而且，即使在一天之内，也不见得对一本书具有同样的热情。在这种情况下，我们不能不替自己想想。”

多种书在一天中同时阅读，多种书交替着读，毛姆的这种读书方法，符合现代心理学和生理学原则，也符合科学用脑的方法。毛姆正是依靠这种方法，坚持不懈，通过阅读获得了丰富的知识信息。他的最著名的小说作品有《月亮与六便士》《啼笑皆非》《人性的枷锁》《刀锋》，以间谍生涯为素材的作品《艾兴顿》等。他一生还写了30多个剧本，以《史密斯》《圆圈》等为代表，是英国当代最著名的作家之一。

情绪化测试

在游乐园中,有一种只有一个人搭乘的超级恐怖云霄飞车登场了!你觉得这个云霄飞车的车子是什么颜色?请从A—F中选一个。

A.红色　B.蓝色　C.金色

D.黑色　E.黄色　F.银色

答案:

A.情绪化度 70%　坏心眼的情绪化

你的另一面貌是有点坏心眼的。特别是在讨厌的人面前,你会故意说一些情绪化的话,来让对方有点难堪，要小心不要树敌哦!

B.情绪化度 30%　偶尔会有情绪化倾向

你应该不是一个任性的人。但却因为个性很强,偶尔会突然有出乎意料的行为出现,会造成别人的困扰哦!

C.情绪化度 95%　天生就是没心机的人

你天生就是个会不断改变自己情绪与想法的人。刚刚才说“这个还不错呢”,接着马上就会改变主意,完全持反对意见。所以在发言前要想清楚后再说。

D.情绪化度 15%　真的是个冷静的人

你不是一个情绪化的人，而且非常的冷静,绝对不会突然改变自己的意见.你很不喜欢情绪化的行为举止,但在朋友眼中你可能太过正经八百了。

E.情绪化度 60%　痛苦时会情绪化

你是一个很容易“遇到麻烦事就想逃避”的人，因此当遇到不擅长的事情,就顺其自然好了,如果是喜欢的事情,就要持续去做哦!

F.情绪化度 80%　朋友的影响力大

你很容易受到周遭朋友的影响,不知不觉就会被影响,而改变自己的意见,这样一来会让人觉得你很情绪化，所以要对自己的判断多点自信。

法则 47 苏东坡一书多读——究其一点，各个击破

苏轼，号东坡居士，是北宋大文学家。他小时候就非常喜欢读书，据说他在自己的书房外贴了一副对联："发愤识尽天下字，立志读遍世上书。"经过刻苦读书学习，他以散文著称，成为唐宋八大家之一，他创作的豪放词改变了宋代的词风，他的书法名列宋代四大家的首位，他还精通音乐等，成为了一位真正的博学多才的人。那么，苏轼是如何读书的呢？

有一次，苏轼读《汉书》，读了好多遍才读完。他阅读的时候，把《汉书》按照一定的内容进行分类，比如政治、人物、地理、官制、兵法、经济等类，每次阅读一遍，他就集中精力专门阅读一个专题，研究一个问题。这样，等读过若干遍以后，他就对全书中的每一方面的问题，都了解得非常透彻了。

后来，有个名叫王庠的读书人，想参加科举考试，于是他就写信向苏轼请教读书方法。苏轼接到他的信，就给他回信说："少年为学者，每一书，皆作数遍尽之。书之富如入海，百货皆有，人之精力不能尽取，但得其所求者尔。故愿学者，每次作一意求之。如欲求古之兴亡治乱、圣贤作用，且只以此意求之，勿生余念。又别作一次，求实亦故实，典章文物之类，亦如之他皆仿此。此虽似迂钝，而他日学成，八面受敌，与涉猎者不可同日而语也。"

这段话的意思是说：年轻人读书，每读一本书，都应该分作几遍把它读完。书籍丰富的内容就大海一样，各式各样的内容一应俱全，应有尽有。但是一个人的精力是有限的，不可能将书上所有的东西都学到，只能学到自己所需求的部分。所以，凡是有志于读书的人，每次读书，都必须集中学习一个问题。比如，如果你想研究历代王朝的兴盛、灭亡，天下太平、战乱以及贤明的国君、聪明正直的大臣在历史发展中的地位与作用，那你就可以只集中阅读相关内容，专题研究这个问题，不要再想研读别的什么问题了。又如，在一次读书的时候，你想考察史实古迹、典章制度、文化事物，仍然要采用同样的方法学习。学习其他方面的知识也参照这样的方法。这种读书方法看似愚笨，但是到你学习取得成就的时候，就好像敌人从八个方面进攻你，你采取各个击破的方法打败了敌人的进攻一样，这是那些广泛地涉猎却没有深入研读的人们所无法攀比的。

苏轼这种将研究对象分为若干个方面，采取各个击破，然后得出全面结论的学习方法，的确是一种高明的读书和研究问题的方法。

15种阅读记忆方法

就像一星期有七天、七色的彩虹、世界七大洋、农历的七夕、北斗七星、七仙女、七只小羊、七个小矮人等，七是一个与人们的生活有着密切关系的数字。在记忆的过程中，多联系七这个数字，一定会提高你的记忆效率。

2.读出声音更能帮助记忆

读书学习的时候，常朗读教科书，或把英语课文录下来听。事实上，不论是哪一类知识，发出声音朗读总是比较容易记忆。特别是在头脑不清醒的时候，更需要清楚地读出声来。

有节奏地朗读能唤起记忆。播音员和演员，在表演之前，将要表演的内容反复听许多遍，并多次念出声来，用韵律把它们记住。这个方法要求注意力高度集中，相信自己必能记住，并从头至尾坚持做下去。除此之外没有什么别的诀窍。背诵歌谣、诗词、宗教经典、法律条文等也是如此。

3.仔细观察对象，抓住特点

所谓仔细观察，并不只是认真看就可以的，要把想要记忆文章内容的要点、语句与思想内涵联系起来，才能帮助记忆。

4.分类，整理，使记忆变得轻松

为了便于记忆，分成的组数和每组内的个数要得当。分类的时候，总是有不好归类的几种特别的东西。在这种情况下，也不要硬找出它们的共同性，把几个不好归类的放在一起，也自然会成为一个小组。

5.抓住规律，记起来更轻松

乍一看是一些没有关联的数字和词语，如果把观察的方法或顺序加以改变，就能发现它们的规律性和共同性。

6.发挥想象，进行创造联想

想象力是必不可少的记忆条件，发挥想象，对需要记忆的事物进行合理联想，你会发现记忆变得轻松快捷了。

7.重要的事项放在开头或末尾去记忆

许多人在背诵英语单词时，A、B、C 开头的一些词会记得很牢，但是往后就记不好了，等到了末尾的 X、Y、Z 部分，则又能记住了。所以为了不遗漏，可以改变记忆顺序。从中间部分往前或往后记，都是很好的方法。

8.从部分到整体，逐渐增加记忆的量

阅读的内容过多，想一次记忆大量的东西，需要相应的诀窍。演员背台词时，所用的方法属于“累进的部分记忆法”。预先读过全部脚本，然后一句句记住自己在剧中的台词。这样从部分到整体，一步步逐渐深入，记忆也就变得更容易了。

9.在读书之前先布置好四周的环境

好的读书环境是高效记忆的第一个条件。读书学习时，光线过强或过暗都会使眼睛疲劳。目光所及的桌布、房间墙壁的颜色等都要雅净一些。日光灯如果使用过久，就会一闪一闪地忽明忽暗，眼睛受到刺激，精神就无法集中。

10.教别人就能记得牢

自己看过的东西，在讲给别人听的同时也整理了自己对所看内容的记忆，加深了对所学知识的理解程度。众所周知，已经学过的知识，试着讲给别人听，就是强迫自己弄懂那些似是而非的问题，使自己的记忆得到巩固和增强。

11.讨论帮助记忆

大家思考同一个问题，发表意见，就能很清楚地了解和记住解决问题的过程。在这个过程中，互相启发，有时会出现意想不到的灵感，从而发现和理解问题的本质。大家在对话当中还可以互相学习有关的知识。

12.辞典可增强记忆力

希望学习英语的人都经常翻阅辞典。查阅辞书可以明白词语的意义、用法。翻阅辞书，理解字义，才会弄清它的实际用途，同时有利于记住它。

13.重复背诵与练习是遗忘的最大克星

对刚学过的东西，应该多次重复，即多加复习。随着记忆巩固程度的提高，复习的次数可以逐渐减少，间隔的时间可以逐渐加长。

14.利用卡片记忆

借助卡片进行记忆是一种很有效的方法。卡片具有知识的准确性、稳定性和持久性的特点，把要记忆的材料抄在卡片上，随时拿出来复习。一张张卡片犹如记忆的仓库，对增强记忆，特别是记忆英语，效果很好。

15.为了记忆要善于忘却

有意识地把一些事物置于脑后，正是为了把另一些东西装进脑子里。研究学问的分心，先把那些有碍记忆和思考的杂物，特别是个人得失，从脑内有限的仓库中清除出去，我们的记忆力就会大大加强。

法则 48 仔细读书的金庸——读书要勤查字典

金庸，原名查良镛，1924 年出生于浙江海宁的“一门七进士，叔侄五翰林”的书香门第。他自幼酷爱读书，并且笔耕不缀，是一名成功的报人、社会评论家和著名的武侠小说作家。从 1955 年在《新晚报》发表第一部武侠小说《书剑恩仇录》，到 1972 年 9 月《鹿鼎记》连载完毕，金庸 20 年间先后创作了“飞雪连天射白鹿，笑书神侠倚碧鸳”14 部小说，其中的每个字均选自某部书中的一个字，连缀成了一副对联，这些小说成为当今武侠小说的典范，广为流传，影响深远。

金庸从小就喜欢读书，有时他爸爸、妈妈觉得他读书时间太长，老是让他到外边玩，有一次，他爸爸为了让他去玩，就专门陪他去骑自行车，可是，他觉得出去玩反而有些痛苦，只要能在家里看书，他就非常开心。

金庸读书，特别是对一本他钟爱的书，他总是一字不放过地仔细读。尤其是在看英文书的时候，他只要看到一个不认识的字，就马上查字典，这本字典查不到，就再查大字典，直到查出这个字的含义为止。他用这种看似比较笨的办法读书，坚持累计起来，看的书多了，渐渐地看书也就容易了。读书的难关就这样一关一关地闯过去了。有一次，他读一本美国人写的叫《哲学的趣味》的书。当时不是完全懂，他每遇到不懂的地

方，就仔细查字典，到后来，他渐渐地对这本书了解得比较多了，觉得这本书写得轻松活泼，有些问题讲得很好。他经常翻阅记载有关历史事件的书籍，常常用的书就放在书房里面，不太用的书就放在另外一个地方。他读历史书，中国的外国的历史书都看，每个朝代的书都读，也不一定是通史，但是看得很仔细。他一直喜欢读《资治通鉴》这部书，往往躺在床上休息时，信手拈来就看《资治通鉴》。

如今，金庸已是80多岁了，但是，他仍然坚持每天读四五个小时的书。一边看书，一边记笔记，再一边查字典，仍然是看得很仔细的。

恰当地运用字典

如果我们在内容不同的书中多次遇到一个陌生的词，那么久而久之，我们便学会了它。当我们能够随时随地毫无顾虑地应用这个词时，我们就掌握了它。在这个认知的过程中，字典发挥了教师的作用。

中国有句古话："工欲善其事，必先利其器。"如果我们将书本摊开在桌前，心里也做好了阅读的准备，但是唯独缺少工具书，会是什么情形呢？

遇到生词时，东翻西找地把字典拿出来，打断原本已进入阅读当中的注意力。同样的，要查年代、地图时也需要一段东翻西找的时间，这样是不对的。在工具书尚未准备好的情形下不应该开始阅读，否则只会让效率更加低。

阅读途中难免遇到少见难懂的字、词组或成语，此时应该立即求教于字典，字典虽然不会说话，却是帮你去疑解惑的良师益友。查阅字典较花费工夫，但若能常常练习，必然熟能生巧，而且由字典所获得的知识与解答，因为是亲手查证的，所以记忆就会特别持久、特别牢固。

如果不喜欢中途老是停下来查阅，或者并不是在家，不方便随时进行查阅，可以在书上（或杂志上、报纸上）标明记号，待阅读完整个段落或回家之后，再仔细查阅。查明白以后，记得要闭上眼睛思考一遍，大脑是愈用愈灵活，难记的字词、艰涩的内容将难不倒你。

勤查字典有以上的好处，至于查阅其他的辞书、片语词典、地图、年代表等也有相同的益处。总之，养成勤查工具书的习惯，可以帮助你成为一位独立的阅读者，再也不需要事事都依赖他人的指导了。

另一方面，字典固然可以培养我们独立学习的能力，方便快捷、节省时间，但是，在阅读过程中，通过字典查阅一个在文中遇到的生词，会阻碍我们两种主要能力的发挥：判断力与想象力。爱因斯坦曾经说过："想象比理解力更重要。"在阅读中，当遇到不明白的词语时，我们也可以尽可能地试着通过上下文来猜测这个词的意思。没有上下文，没有注释，一个词就不会有意思，只有有了语境，才会有词义。根据上下文想象一个单词的意思，或许比准确而机械地理解它的意思更有创造性。

在阅读英语时，应尽量避免频繁地翻阅字典。就算你已具有英文一级能力以及简单的口语翻译功底，在阅读原文以及外文资料时，仍会时常碰到一些不懂的单词。如果遇到这种情况，原则上，一定要坚持继续阅读到最后。纵然有好几个单词不懂，从前后文章之间的关联，也可以作某种推测。对于那些不懂的单词，事后可以整理起来一块查字典。

法则49 酷爱读书的毛泽东——读书要会做笔记

年轻时的毛泽东，在湖南第一师范学习期间，有一个特殊的爱好，就是经常拿着书本到最热闹的城门南门口去看书，那里可是车水马龙，人声嘈杂，没有一丝安静的时刻，毛泽东去了之后，只是自己站在一个角落埋头看书，时而朗读，时而默念，专心致志，旁边来来往往的行人和叫卖声对他完全没有影响。

大概有半年的时间，毛泽东一直在湖南图书馆自学。他每天吃完早饭，就急忙奔向图书馆，有时来得太早，图书馆还没有开门，他就在门外等，经常是第一个进门。到关门时，他又是最后一个离开。有时看得起劲，中午都忘记了吃饭，晚上就买几个烧饼吃完了继续看书。无论是炎热的夏天还是严寒的冬季，毛泽东去图书馆读书的时间从未间断过，隆冬时节，看书坐久了，脚冻得发痛，他就站起来稍微活动一下脚，等身子稍微暖和点了，又马上把全部精力集中到书本上去了。在这段时间里，他读了不少哲学、政治、自然科学、历史地理、文学艺术等方面的书籍，对以后的革命工作有了非常大的帮助。

中华人民共和国成立后，他公务十分繁忙。然而他还是利用点滴时间看书。20多年里，他先后从北京图书馆、北京师范大学图书馆、北京大学图书馆等单位借用的各种图书多达

2000余种，5000余册。

毛泽东的学识已经非常渊博，但他走到哪里，总是把自己爱看的书带到哪里，不放过一切可以学习的时间和机会，他办公兼卧室的房间里，床上、办公桌上、会客室里，到处都放着自己喜爱的书籍，他的整个住房，就好像一座小小的图书馆。

多年来，毛泽东养成了一个很好的读书方法和习惯，那就是写课堂笔记和读书心得，他赞赏“不动笔墨不看书”的读书格言。在他读过的《伦理学原理》中，书上的空白处和字行间写满了密密麻麻的批注，最小的字要用放大镜才看得清楚，并且，全书中重点的地方都用红笔加上了着重号，有的甚至是圈上加圈，点上加点，每当他第二次拿出来再看的时候，思路就非常清晰，并且也能对自己第一遍看时没弄明白的地方重点细读，决不一知半解，从中可以看出毛泽东读书的认真刻苦和独立思考精神。

怎样做读书笔记

1.摘录式

摘录式是使用最多的一种方式。主要摘录书籍、报纸、杂志、调查报告或文书档案中与自己学习内容有关的原始材料。比如你选择的是文科，便可摘录有关的学习资料、重要文章、警句格言、词语典故等。如果学理工科，就得摘录有关文献、重要的结论与证明、独特的技巧等。这样便可为自己建立一个资料库。

2.提要式

提要式即看完一本书或一篇文章，对文中的某一观点、事件、情节、章节或定理等进行分析、归纳，用自己的话把内容要点写出来。这不仅可以备忘、备查，而且可以训练你的综合概括能力。列宁的哲学笔记有很多就采用的了这种形式，如《黑格尔（逻辑学）一书摘要》《亚里士多德一书摘要》等著作。而且对于摘录的内容，他还往往写出自己的意见、批评或注释，甚至自己独创了符号和评注方法。

3.心得式

心得式记下的是对某一问题思考的心得。如李贺的《史纲评要》以及脂砚斋的《重评石头记》都是这样的著作。心得也可以是札记或体会。札记多为旁征博引，辩证考订；体会多为引申阐发，借题发挥。沈括的《梦溪笔谈》、茅盾的《读书札记》和马克思的《数学手稿》都是用这种方式。这是笔记的一种高级形式，要求有更多的个人见解在里面，难度较大。但它却是创造的半成品或完善的精制短篇，一旦需要，就可组织起来，使之成为有价值的作品。

写这类笔记，要特别注意捕捉生活中的火花。学习理工科的则应注意抓住学习中碰到的难点或问题。有些重大发现，往往是由一个简单的疑问开始的。对于任何一点良好的思索，哪怕是一丁点，也不应放过，应把它及时记下来，这很可能成为你做出成绩的关键。

4.索引式

索引式即写下有关的论文题目或书名等。在学习中可能经常会碰到这种情况：看到某些东西感到十分有用，但内容太多，上述三种笔记法又都不易采用，或者是你本来就有这本书，所以也不必采用上述方法。但是往往要用这个内容时，你却忘记了，或找不到了。诸如此类问题，只要做好索引，便可顺手拈来。所以，平时应把所有的资料按照内容本身的性质做出一个索引来，以备查用之便。

无论以哪一种方式记笔记，各种读书笔记都魂牵梦萦不断温习、补充和巩固。可以根据自己的实际情况，每隔一段时间就重读一遍读书笔记，这样，便会在不断地学习中提高自己做笔记的水平和能力。

法则50 一目十行的列宁——快速阅读效果好

弗拉基米尔·伊里奇·列宁（1870~1924）原名乌里扬诺夫，无产阶级革命导师，列宁主义的创始人。列宁毕生刻苦学习，勤奋读书。他不但阅读的范围广泛，而且阅读速度快，阅读效果好。

有一次，列宁手里拿着一本外文书在飞快地翻阅，有人便问他："您是在看全部内容呢，还是仅仅浏览一下？"列宁回答说："当然啦，是全部内容，而且我看得非常仔细。"那人更奇怪了："难道能够读得这样快吗？"列宁微笑着说："您说得对，我是读得很快。但我应该这样做，我已养成了这种习惯。我必须阅读很多东西，因此，我不能慢慢地读。"

有一个叫乌西也维奇的人说，他第一次看见列宁读书的时候，觉得他是在随便地翻书，只是走马看花似地浏览一下书的内容。但是随后在谈起这本书的时候。谁知列宁对书的内容掌握得很详细，简直可以说，是经过认真研究的，这使他感到很奇怪。他后来了解到，列宁有一种“综合阅读”的能力；当一个普通读者一眼只能看一两行、最多不过整个句子时，进行综合阅读的人，一下子就能看到半页，甚至是一整页。

那么，列宁为什么阅读速度快而又效果好呢？首先，列宁读书时很喜欢在书页的空白处随手写下内容丰富的评论、注释和心得体会。而且据他的妻子克鲁普斯卡娅说，他写字速度之快，非一般人可比,他使用缩写词,写得很多,写得津津有味。他把做批注视为一种创造性劳动,每当读到精辟处,他就批上“非常重要”、“机智灵活”、“妙不可言”等,读到谬误处,就批上“废话！”、“莫名其妙！”等等，有的地方则干脆写上“哦，哦！”、”嗯,是吗?!”、“哈哈！”、“原来如此！”等等。其读书入神之态,跃然纸上。更有价值的是，列宁的重要著作《哲学笔记》就是在读哲学书籍时写的批注和笔记汇编而成的。它被公认为是马克思主义哲学的经典著作之一。

其次，克鲁普斯卡娅说：“他读书的时候，全神贯注，因此读得非常快。”可见，列宁之所以阅读速度快且具有如此强的记忆力，是与他读书过程中的专心致志分不开的。

如何达到“一目十行”

在以一般速度进行阅读时，要将文章的每一部分，比如每一个句子或段落都过目。这时，读者对文章的理解通常可以达到百分之七八十的水平。而理解程度愈高，则阅读速度愈慢。一般说来，速读的速度可以是一般阅读速度的两倍。所以，在快速阅读中只要能理解整个内容的百分之五六十就可以了。速读速度每分钟达 800 字，至少每分钟也应达到 400 字。但是有一点要注意，速读的速度应根据所读的材料以及所要求达到的理解程度而定。

那么，怎样才能达到“一目十行‘呢？这就要求在阅读时要有选择地省略文章的一些部分，如某些段落、句子，而只掌握文章的主题思想，从而加快阅读速度。所以“一目十行”也可以称为一种加快阅读速度的读法。略读包括如下几类：

1.抓住轮廓，略读其他

比如一篇几千字的文章，阅读时首先应该以尽可能快的速度将文章的前两段完整地读完，以掌握文章的主题思想和文章的安排，了解一点作者的写作风格、语调和语气等，这样就掌握了文章的大概。因为作者通常在文章的前几段中对文章作了一些介绍，描绘出文章总的轮廓。

2.抓住论点，略读论据

此法适用于快速阅读议论等。议论文的重点是文中的议论部分，主要是段头的论点、段尾的结论，略读中间的论证部分，一般不会影响对观点的掌握。

3.抓住不同，略读相同

在阅读中遇到已知或赞同的内容，可略去不读，而只读那些不了解、有异议或不赞同的内容。

4.抓住人物，略读景物

文学作品主要是写人的，人物性格则是通过情节的发展来不断展现的，所以要想较快地了解人物性格，可着重阅读情节，略去景物描写部分。

5.抓住起伏，略读平缓

文学作品的情节常常是跌宕起伏、张弛相间的。从主观上说，奇异是平缓的结果，是主线发展的转折点；平缓是奇异的前奏，是主线发展的铺垫、过渡。略去平淡无奇、意料之中的内容不读，抓住主线发展的转折点，了解主要情节过程。

总之，要尽自己最快速度进行略读，只求掌握文章的主题思想，而不是阅读细节。

法则51 司马光闭门背书→读书不可以不背诵

司马光是我国北宋时期著名的政治家和历史学家。他历时十九年，主持编纂了一部规模空前的编年体通史巨著——《资治通鉴》。《资治通鉴》是我国第一部编年体通史，它卷帙浩繁，全书294卷，约300多万字，所记历史断限上起周威烈王二十三年（前403年），下迄后周显德六年（959年），前后共1362年。《资治通鉴》的内容以政治、军事和民族关系为主，兼及经济、文化和历史人物评价，目的是通过对事关国家盛衰、民族兴亡的统治阶级政策的描述，以警示后人。《资治通鉴》自成书以来，历代帝王将相、文人骚客、各界要人争读不止。点评批注《资治通鉴》的帝王、贤臣、鸿儒及现代的政治家、思想家、学者不胜枚举、数不胜数。对《资治通鉴》的称誉，除《史记》之外，几乎没有任何一部史著可与《资治通鉴》媲美。

要写成这样的宏篇巨著，当然没有丰富的知识是不行的。而司马光的丰富历史知识，最早还是得益于他小时候的勤奋学习。

司马光小时候很聪明好学，他常常担心自己的记忆力和学问不如别人，所以不管在学什么东西的时候，都要比别人花的功夫多。他跟一些小兄弟们一起读书，其他孩子读了一会儿，勉强能够背诵了，就一起跑出去游玩休息了，只有司马光一人还坐在书房里，在认认真真地读书。而每次在这个时候，司马光总要拉下窗帘，把自己关在书房里，直到把书背的滚瓜烂熟了才放下书本。

长大以后，司马光仍然坚持着这种勤恳用功的作法。他曾经用圆木做了一个枕头，并把这只枕头取名叫做“警枕”，因为枕头是圆的，所以人睡沉了，一翻身枕头就会滚落到地下，“砰”的一声，自然会使人警醒。因此，司马光每次在半夜里枕头一滚落，便立刻起床，点烛读书。

由于司马光的勤奋好学，他终于成了一名著名的学者。他在跟别人谈起他的读书经验时，说：“读书不可以不背诵，只有抓紧时间温习功课，才能把书读好。我有时骑在马上也读书，有时半夜醒过来，就不再睡了，或者读读书上的精彩片段，或者思考书中的道理。这样，我在不断的读书过程中，得到的好处自然也不少。”

轻松记忆的十点技巧

1.明确目的

记忆的内容是受目的制约的，当我们学习目的明确时，就能促进记忆力的提高，反之亦然。也就是说，目的可以激发我们的动机，从而产生一种心理需求，自然这样比我们被动地去记忆一些东西要轻松、快捷得多。

2.心平气静

心安静则神策生。这也是与心理有密切关系的一种学习状态，大家也不难想象得到，若没有一种平静的心态，我们的记忆势必不能够正常地进行下去，情绪在记忆过程中是非常重要的。

3.头脑清醒

一般说来，我们在学习时必须要保持一种清醒的状态。在一天之中，人的头脑在早晨和晚上时比较清晰。所以利用这段时间来记忆，效果是最好的。

4.树立信心

许多实例都说明，记忆力与自信心有着密切的联系。所以我们在学习中不必过分怀疑自己的记忆能力，而要鼓足信心去面对一切难题，因为信心是做好一切的动力和基础。

5.观察不可少

在我们增强记忆力的过程中，观察同样不可少。通过仔细观察可以找出课程之间的内在联系，进而使我们的记忆取得事半功倍的效果。相信大家都曾有这样的感受，例如地理与历史、政治与历史、数学与物理……都有着某种密切的联系，我们完全可以穿插着记忆，

而效果自然也不会很差。

6.方法适当

学习中，我们每一个人的记忆方法不尽相同，如有人善用排除法，有人善用列表法，还有人善用联想法……所以要根据实际情况，选择适合自己的记忆方法，切不可一概而论。不要把自己所适合的高效的学习方法，“强行”推荐给别人，那样做是非常愚蠢的。

7.激发兴趣

根据实验证明，人们对自己感兴趣的事情比较容易记忆。所以在记忆时，必须想方设法激发自己对记忆对象的浓厚兴趣。那么该如何提升自己对学习的兴趣，要知道，对于记忆它同样不可或缺。

8.心情愉快

痛苦、忧虑、心情烦躁都不利于记忆。在记忆时，首先要学会调整自己的心情，这样才有利于有效地提高记忆力。当然，它并不能同前面所提到的“心平气静”混为一谈。这里要强调的是带着一种畅快的心情去进行记忆，虽然你的心境也许并不能立刻平静下来。

9.有意重复

加强记忆的过程中，都存在着一个反复的过程，而且有时还要连续反复，以加强印象，这是保持记忆的必经之路。

10.学会遗忘

一个人的记忆能力是有限的，故不可用有限的记忆时间和记忆力去记忆一些对于自己无关紧要的事物。从这个意义上来说，学会遗忘一些不必要的事物，才有助于自己提高记忆的效率，对于这个问题相信大家在前面已经有了一个明确的认识。

这些都是记忆不可或缺的品质或原则，可以看得出来，它们都没有什么神秘可言。只要你能将它们正确地融于自己的记忆与学习当中，就会产生一些你意想不到的奇迹。

法则52 张松背书——→记忆是智慧的仓库

《三国演义》第六十回讲了这样一个故事：张松出许都求见曹操，曹操见这张松身材矮小，相貌丑陋，心中老大不欢喜。于是，曹操就摆出一副爱理不理的神态，有意冷落张松，这让张松憋了一肚子的气。

第二天，曹操掌库主簿杨修来找张松，拿出曹操新著兵书《孟德新书》给他看，想炫耀一下曹操的雄才大略。

没想到张松看了一遍就记了下来，还故意笑着说："咳，这本书啊，我们蜀国的3岁小孩儿都会背诵，怎么到你们这里反而成了新书？先生不知道吗？这本书本来是战国时期的一位无名氏所作的。"

杨修不信，“你胡说，这明明是我们丞相刚做的新书，什么你们蜀国的3岁小孩都会背诵，有本事你背背看。”

张松笑着说：“看来我不拿出证据来你是不信啊，好，我现在就背诵给你听，让你知道这本书是你们丞相盗用战国无名氏的。”说完，张松就把《孟德新书》从头至尾背诵了一遍，竟然无一字差错。

杨修一见大惊，顿时气焰没那么嚣张了。他赶紧跑去告诉曹操，曹操奇怪地说：“不可能啊，这的确是我亲手写的啊，莫非古人和我想的都一样？真是奇怪。不过，既然是古人流传下来，我再说什么《孟德新书》反而有点盗世欺人了，还是把书烧了吧。”就这样，多疑的曹操听了张松的话，认为自己的书没有新意，忍痛让人把他辛辛苦苦写的书烧了。

事情很快传到张松耳朵里，张松得意地笑了。原来，曹操上了张松的大当。根本没有什么无名氏，那本来就是曹操的著作，只不过张松用他惊人的记忆力，把整部《孟德新书》硬是背诵下来了。

小故事大学问

张松过目不忘的本领真让人羡慕。其实，只要方法得当，快速记忆并不是什么难事。

大家都知道，记忆就是对我们要掌握的知识熟悉的过程，也就是要从识记开始到保持记忆、加快知识点、再次认知的四个过程。

加强记忆就要防止遗忘，我们要努力同遗忘作斗争哦。下面来看几种促进记忆的好办法：

1.明确学习和记忆的目的，有目的记忆比无目的记忆，记忆效果可提高一倍呢。我们可以先记最重要的，其他的知识就自然而然地容易联想起来了。

2.广泛的知识储备。多看、多读各方面的书籍，我们的知识面广泛起来，知识点可以相互贯通，记忆当然也就比较容易了。

3.用科学的方法记要点。自己编一些顺口溜、口诀或歌谣来记忆知识点，非常有效，既可以提高学习的兴趣，还可以在你多次朗诵知识点与制作这些口诀的时候增强记忆。

4.及时复习，防止遗忘。当天的功课当天做，当天学的知识当天复习，可大大减少遗忘程度。夜间复习的功课，清晨再读一下就可以记住重点了，多么美好的事情啊！

5.劳逸结合，合理用脑。玩的时候好好玩，读书的时候用心读书，不但两不耽误还能提高效率。

怎么样？从今天开始试一试！

几种实用的记忆方法

默诵法，这是一种最基本的记忆方法，就是在学习完以后，合上书，在脑子里从头至尾加快学过的内容。这种方法可以在开始上课或者学习之前，用来复习已经学习过的内容，效果很好。

关键词法，是把两种信息结合在一起记忆的方法，比如说，学习完有关酸性和碱性变化的石蕊实验以后，就可以通过“酸红碱蓝”来记忆。简单的四个字，就可以帮助我们记住“石蕊试纸遇酸变红，遇碱变蓝”这一规律。

头文字法是只记第一个字，这种方法需要不断的重复。例如，我们在学习太阳系行星的时候，只要记住“水金地火木土天海”，就可以按顺序记住水星、金星、地球、火星、木星、土星、天王星、海王星了。

故事法是通过单词连成一个故事来记忆。不过需要注意的是，当有好几个故事的时候，可千万不要混淆哦。

联想法是一种类似于接龙的记忆方法，就好像“猴子屁股是红的，红色的有苹果，苹果很好吃，好吃的还有香蕉……”

当然，不同的人以及不同的科目，都应该选择不同的记忆方法。

法则53 马克思用读书来消除疲劳——读书要张弛结合

马克思是科学共产主义的创始人，无产阶级的革命导师，也是世界公认的大学者。他一生始终都与书为伴，好学不缀，因此，他学识之渊博，读书之广泛，是很少有人能与其相比的。

马克思的一生虽然颠沛流离，但他的读书生活却一直没有间断过。自从1849年夏迁居伦敦后，马克思的经济陷入困境，家庭生活十分艰难。但他依然坚持读书，并在其中得到了“无穷的安慰”。他每天早上9点准时来到大英博物馆阅览图书，直到晚上7点才回家。不管风吹雨打，春夏秋季，每天都是如此。

马克思一生主要从事的是政治经济学、哲学、政治学等方面的研究，他在这方面投入了大量的精力，孜孜不倦，数十年如一日，因而阅读任务也相当繁重和紧张。如何来消除工作的疲倦呢？马克思想到了自己喜欢阅读的文学作品。因而，每当他工作疲倦，在理性的书籍里徜徉过久而需要休息时，他便捧起一本诗集，或者是一部小说，走进另一世界，并以此来调剂和舒缓自己疲劳而又绷紧的大脑，把欣赏文学当做精神上的休息。他对古希腊戏剧家埃斯库罗斯的原著每年都要读上一遍。他的阅读面极其广泛，不仅阅读世界名著，有时对于那些被学院审美家们轻视或认为难登大雅之堂的文学作品，他也会阅读。这样，他不但从文学作品中获得了许多新的知识，还为他的写作增添了文采。

不仅如此，马克思还通过阅读莎士比亚和科贝特的文学作品学习英语，通过阅读但丁和马基雅弗利的文学作品学习意大利语，通过阅读塞万提斯和卡尔德隆的文学作品来学习西班牙语……晚年，他又通过阅读普希金的《叶甫盖尼·奥涅金》和赫尔岑的《回忆录》学习俄语，从中学到了丰富的知识，获得了不少乐趣。

除了阅读文学作品外，他还到数学领域中去寻找乐趣。每当他紧张工作之后，特别是他在生活中遇到重大不幸或精神异常痛苦的时候，他便去翻阅数学方面的书籍，解析数学习题，在数学的王国里去寻求对痛苦与不幸的解脱。后来，他还发表过有关数学研究的论文。

马克思曾说：“在科学上是没有平坦的大道可走的，只有

在崎岖攀登的小道上不畏劳苦的人，才有希望达到光耀的顶点。”这正是他一生的光辉写照。

找出适合自己的生理时间

有的人白天精神好，下课回到家就变成泄了气的皮球，不管三七二十一，先爬上床大睡一觉再说。有的人习惯三更半夜不睡觉，晚上躲在被窝里听音乐，这类人是名副其实的“夜猫子”，愈晚愈精神振奋，白天的时候反倒像只病猫。这种生理时钟与一般人相反的情形也十分常见。其实大部分人的生活习惯都是相似的，一般是晚上十一二点就寝，白天六七点钟起床。

然而一天之中，一定有精神特别好与精神特别差的时段，同样用功一小时，如果精神好，效果就很好；如果精神萎靡，效率就会大减。经常保持充满干劲的状态，读起书来当然称心如意，但问题就在于谁都有“精神状态的好坏”。一天当中最有精神的时间因人而异，有时差别之大，犹如事情的两个极端。这大多与个人的生理时钟有很大关系，我们必须依照该生理时钟，利用最适合自己，效率最高的时段来阅读。

一天的休息时间一般是晚上六七点钟左右，如果你长久以来都是在吃完饭、洗完澡后再开始阅读，却一直觉得这段时间的学习效果不好，建议你不妨回家后先睡觉（体操、跳跃运动、仰卧起坐可以帮你入睡），到半夜 12 点或 1 点再开始阅读，此时夜深人静，沸沸扬扬的城市喧闹声以及家中干扰你念书的电视声都已经陷入沉寂。

但这个方案对某些人来说并不适用，例如会赖床、只睡四五个小时很难恢复清醒的人，或者是半夜一个人阅读会害怕的人，建议你不妨再将时间延后，试试凌晨起床念书，如早上 3 点醒来念到 7 点钟，这段时间也是阅读的较佳时间段。

总之，根据个人的生理特点找出可以让自己达到最高效率的读书生理时间，这样阅读才能达到最佳效果，所以尽量作多方面的尝试吧！所谓多方面的尝试，是说你可以将不同的时段混合运用，如晚饭后把今天阅读过的内容趁印象还清楚的时候回忆一遍，然后在八九点钟上床睡觉，早上三四点再起床读一些学习资料（就寝和起床的时间亦可依个人需要而调整）。

如果你发现自己在半夜的精神最好，可以选择在晚上回到家后马上睡觉，半夜 12 点到 3 点趁着四周寂静的环境读书，之后再小睡两个钟头，然后起床，把当天要学习的内容准备一遍，以加深印象。

混合时段的运用也是因人而异的，不必强迫自己，应找出一个最自然、最符合生理时钟的时间。

法则54 专注读书的居里夫人——→善于集中注意力，等于打开了智慧的大门

居里夫人是世界著名的物理学家、化学家。她在科学实验中首先发现了强放射性化学元素镭，为现代原子和核物理学的发展奠定了基础，也为医学上治疗凶恶的癌症开辟了广阔前景。因此，居里夫人被称为“镭的母亲”。

居里夫人原名玛丽亚·斯可罗多夫斯卡，1867年出生在波兰华沙的一个知识分子家庭。父亲是位物理学教授，母亲是位卓有成就的钢琴家。

上中学时，玛丽亚的学习成绩常常名列全班第一，并且掌

握了英、德、俄、法、波兰共5国语言。玛丽亚从小就爱读书，而且一看书就着迷，仿佛进入了另一个世界，周围发生什么事情都不知道了。

一次，玛丽亚正在读书，姐姐和其他同学在她面前唱歌、跳舞、做游戏，她就像什么也没看见、什么也没听到一样，依然专心地学习。姐姐存心要考验一下她的注意力，于是就趁她趴在桌子上读书的时候，悄悄地在她身后搭起了一座椅子塔，只要她稍微动一动，椅子就会倒下来，可是她丝毫没有察觉。

时间一分一秒地过去了，10分钟，20分钟，30分钟……玛丽亚还是没有发觉，仍在聚精会神地读书。直到她读完了一本书，合上书，站起身来，只听见“哐”的一声，椅子塔倒了。伙伴们瞧着她，在一旁发出嗤嗤的笑声，而玛丽亚却若无其事地走到隔壁的房间做功课去了。

姐姐和同学们见玛丽亚如此专注地学习，从此再也不捉弄她了，而且大家也像她一样专心读书、认真学习了。

少年的玛丽亚就是这样从小养成了专注学习的习惯，并且有着顽强的毅力和良好的自制能力。靠着勤奋学习和不懈努力，玛丽亚成为一名伟大的科学家。她一生两次获得诺贝尔奖，取得了举世瞩目的成就。

小故事大学问

好学生和差学生坐在书桌前学习的时间是一样的，可成绩却相差甚远，原因就在于对学习的专心程度不同。

集中精神学习 10 分钟，要比一会儿想这个、一会儿想那个地学上 1 个小时更有效果。无论脑子多么聪明，如果不是全身心地投入到学习中，就不可能充分施展你的聪明才华。

想要培养注意力，最先要做的一件事，就是要清除身边可能会影响注意力集中的一切事物。如果桌子上摆放着一些好玩的东西，就为爱做小动作的孩子提供了开小差的机会，边玩边学，会直接影响学习效率。此外，学习前一定要准备好学习工具。如果学到一半再去找这个找那个，就会分散注意力。

学习环境也会对孩子的注意力产生很大影响。即使是同一个人，在不同的环境里也会产生不同的行为结果。也就是说每个人隐藏的性格或者心理状态会受到环境的影响，然后通过行动表现出来。因此，学习环境既可以推动学习，也可以妨碍学习。比如书房的地板、窗帘、家具的颜色、位置以及灯光的亮度等，都会对孩子的心理状态产生影响。通常，暖色调刺激人的情绪，冷色调则使人安静。比如红色让人兴奋，黄色让人感到愉快和温暖，绿色让人觉得安全和满足，蓝色代表真诚，紫色代表哀伤。另外，颜色的明暗也会对心情的紧张或平静有影响。书房的装饰应尽量使人心情平静，这样才能让孩子将注意力集中在书本上，所以应该使用一些亮度高、彩度低的冷色系颜色。

读书学习时，灯光的选择也是很有学问的，最好使用双重照明，一个光源照亮整个房间，另一个光源只照射书桌。如果只打开台灯，虽然可以更好地集中注意力，却很容易使眼睛疲劳。另外，与直接照明相比，通过天花板或墙壁反射的间接照明可以减轻视疲劳。

学习时，从自己比较喜欢的科目开始。另外还要制定一个学习计划，明确具体的目标和学习时间等。

如果在学习中老是打哈欠，学过的东西记不住，就说明注意力已经严重下降。这时候可以放声朗读，或者换个舒服的姿势，做几次深呼吸，以促进血液循环，给大脑提供充足的氧气。

19 世纪俄国教育家乌申斯基说过："注意是一个惟一的门户，只有经过这个门户，外在世界的印象……才能在心里引起感觉来。如果印象不把我们的注意力吸引到它身上，那么，虽然它也可以影响我们的肌体，但我们是不会意识到这种影响的存在的。"

意思是说：注意力就好比一扇门，外界进入心灵的东西都要通过它。如果这扇门没有开启或半开半闭，一定会影响孩子的学习效果。而大量咨询和跟踪显示，许多注意力不集中的孩子学习成绩都不是很好。

你属于哪种学习类型

1.坐立不安型：学习的时候，坐在椅子上晃悠两条腿，或者摇晃整个身体，好像浑身都在哆嗦。

2.眼镜蛇型：听到有人经过，或者听到任何异常的声音，都会探出头来看看到底发生了什么事情或者来了什么人，不看一下就学不下去，老是在心里琢磨外面到底是什么情况。

3.关门型：为了不让别人看到自己在干什么，经常把门反锁上，或者用身体挡住整个书桌，其实并没有在学习，而是在干别的事情。

4.钟摆型：学习时为了不打瞌睡，每隔一会儿就离开座位去喝水、吃零食、洗脸或上洗手间，最后，在这些事情上花费的时间比学习的时间还要多。

5.超人型：锁上门，左手作枕头，右手握拳，采取超人起飞的姿势跟周公来个约会，而且一睡就是半个小时以上。

如果你属于上面的类型，就说明你在学习的时候没有全身心投入进去，这就需要你有意识地培养自己的注意力了。要知道，注意力并不是天生的，而是通过反复的训练培养的。

注意力训练

针对注意力不能集中的情况，美国一所能力拓展训练学校进行了专项研究，并提供了一种解决办法，共分为 5 个步骤：

第一步：先将注意力转移到钢笔、课本、玩具、零食等各类琐碎的事物上。

第二步：凝视某一目的物，直到厌烦为止。

第三步：将眼睛闭起来，回忆刚才所见的事物，例如钢笔，将其颜色、形状、长短等外形特征描绘在脑海中。

第四步：将思维从钢笔上移开，然后睁开眼睛。

第五步：间隔 30 秒。

接着，再选择其他事物重新从第一步做起。

根据受此训练的人介绍，刚接受训练时，集中注意力无法持续 8 秒钟以上，但经过一周的训练后，注意力便能持续三四分钟。

让孩子的生活充满想象

法则55 法布尔和屎壳郎——兴趣是学习的助推器

1823年12月20日，法布尔诞生于法国南部山区的一个小村庄。村前有一条哗哗作响的小溪，村后有一片山林，到处是鸟语花香。法布尔就在这个富有自然气息的小村庄里长大，宁愿终生与昆虫为伴。

童年时代的法布尔，与同龄人相比，对大自然中的动物显得格外入迷。他常常在小溪里抓蝌蚪、逮青蛙、捕小鱼，在草丛中追蜻蜓、捉甲虫、扑蝴蝶。他的两个口袋常常装着小甲虫之类的动物。由于这一爱好，他没有少挨父母的责骂。随着时间的推移，法布尔的“玩心”并没有因为年龄的改变而失去；相反，对昆虫更为着迷，而且也“玩”得更科学了。正如一位伟

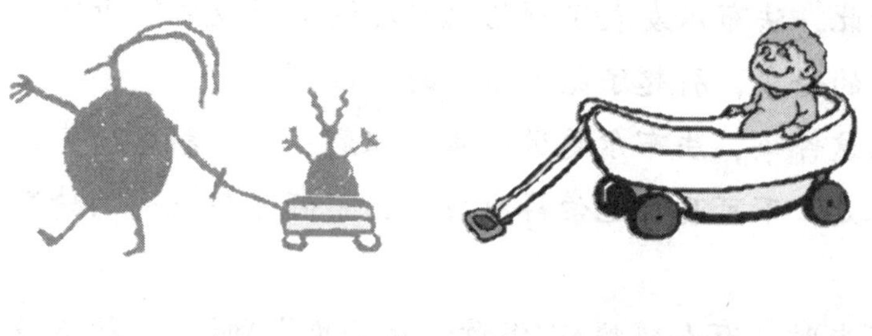

人所说，他像饥饿的人扑在面包上一样，贪婪地阅读各种昆虫学方面的书籍。

一次，他在阅读著名昆虫学家迪富尔的著作时，觉得砂蜂与吉丁虫的现象很有趣。原来，迪富尔在书中描述到：砂蜂的幼虫以甲虫——吉丁虫为食。色彩鲜艳的吉丁虫在砂蜂巢里经久不腐烂，也不干瘪或发臭。迪富尔认为这是因为砂蜂给吉丁虫注射了一种毒汁。这种毒汁不但杀死了吉丁虫，而且有防腐作用，使它得以“保鲜”。这一生动的描写，引起了法布尔极大的兴趣，他决定要亲眼看看这种现象。

于是，他跑到山坡上寻找砂蜂的巢穴。在一棵树木旁，他找到了巢穴。他一动不动地蹲在草丛里，观察砂蜂的一举一动。他看到吉丁虫在蜂巢中并没有死去，而是活的！它只是被麻痹了，脚和翅膀都还会抖动呢！这是怎么回事？难道只是这只吉丁虫侥幸没有被杀死？还是迪富尔的结论有错误？

在当时，迪富尔是昆虫学界最有名望的权威。不过，这不影响法布尔怀疑迪富尔的结论有错误。为慎重起见，法布尔又对砂蜂进行了许多次长时间的观察。其结果都说明，吉丁虫并没有被毒死。

为此，法布尔发表了题为《砂蜂的习性及吉丁虫不腐败的原因》的论文，引起了昆虫学界的关注。

从这件事，法布尔更进一步认识到：从事科学研究，必须实事求是，不可盲目地崇拜权威，更不可轻信民间的猜测和传说。

在当时，有人将蜣螂(俗称“屎壳郎”)叫做“神圣甲虫”。

这种叫法源于古埃及人的传说。据说，古埃及人在田间劳动时，看到一种昆虫(即蜣螂)推滚着一个圆球。富有天文知识的古埃及人联想到圆球是地球的象征，那么蜣螂的行为一定是受到天空星球运转的启迪，昆虫能够具有这么多的天文知识，一定很神圣，于是就把蜣螂叫做“神圣甲虫”。这种说法沿袭了几千年，谁也没有去深入研究蜣螂的这种习性。

法布尔并不相信这种传说，他要揭开蜣螂习性的奥秘。为了观察蜣螂的行为，法布尔整天地趴在地上。他那专注的神情，经常引起别人的嘲笑。有人说他是“白痴”，也有人说他是“神经有毛病”，但他从不予以理会。

经过观察和研究，法布尔揭开了“蜣螂推圆球”的奥秘。原来，蜣螂喜欢吃粪球。它的一项重要的日常工作就是把粪便卷成一个圆球，然后推回家。

法布尔对蜣螂的观察和研究前后持续了40年。因此，他对蜣螂的生活习性等方面非常了解。他那坚忍不拔的意志，执著追求的精神，被广为赞颂。达尔文称他是“无与伦比的观察家”。

法布尔不仅具有持之以恒的工作作风，而且不为名不为利，不在贫困面前低头。一次，拿破仑三世接见法布尔，准备聘请法布尔担任宫廷教师。

“你想在宫廷里生活吗?在这里吃得好，穿得好，玩得好。”皇帝微笑着问。

“不，陛下，”法布尔不卑不亢地回答，“虽然这里生活优裕，但我家乡的空气要比这儿新鲜得多。”

“我想请你来当宫廷教师，”皇帝直截了当地说，“这样，你就可以和高贵的皇族孩子们朝夕相处了。”

“谢谢陛下的一片好意，可我宁愿终身与昆虫做伴。”

正是凭着这种“宁愿终身与昆虫做伴”的信念，法布尔在昆虫研究方面有了许多前所未有的发现，成为著名的科学家。

提高学习兴趣的四味良药

1.多一点勤奋、多一点认真

只要努力认真地去学习就会有所收获，你也会变得更愉悦，进而产生学习兴趣，不再动不动就说没兴趣。

2.兴趣不是与生俱来，是后天形成的

心理学理论指出，“兴趣不是与生俱来，是后天形成的”。它是人们经过各种努力而达成的结果：只要你尽力，你就能得到一定的收获，就会产生自我成就感，增强自信心，进而产生兴趣。所以说，兴趣往往是在做了努力之后才产生的。

3.不要忘记体验成功的愉悦

兴趣总是伴随着愉快的体验。在学习时，每完成一件学习任务，每当有一些学习上的收获，都会令我们产生愉悦感。这时，我们需要有意识地去体验这种愉悦感。随着这种“我可以”的自我肯定意识的不断增加，自信心也会变得越来越强，兴趣自然也越变越浓了。

4.有时候面子还是要的

如果认真学习了，成绩也提高了，那么同学、老师和家长都会赞许你，同时也会受到他人的尊敬；如果不好好学习，成绩较差，在学业上就无法得到他人的重视，自己也会没有面子。所以有时候面子还是要的。

如果你能按照这四种方法去做，它就会产生神奇的效果。那时，学习对你来说已不是一件非常枯燥无味的工作，而会变成一种高级的精神享受了。

法则56 小普京的理想——→有理想就有了成功的方向

俄罗斯总统普京小时候非常聪明，他品学兼优，常常产生一些与众不同的想法。

有一次，老师在黑板上写了一个作文题:《我的理想》。同学们纷纷写出自己的理想：有想当科学家的，有想当作家的，有想当工程师的，有想当农艺师的，有想当教师的，有想当军人的，还有想当工人的——而在小普京的脑海里，却有自己不同寻常的独特思考。

课余时间，小普京非常喜欢读《盾与剑》杂志，并且对里面描写的“克格勃”产生了浓厚的兴趣（克格勃，即苏联国家安全委员会，是苏联最庞大也最神秘的官方机构，其职权领域大致与美国中央情报局和联邦调查局的反间谍部门相当）。小普京从杂志上知道了在第二次世界大战中，由于“克格勃”准确地截取了敌人的情报，使苏军取得了一次次巨大的胜利……他想:“很小的时候，父亲就教育我要做一个对国家和人民有所贡献的人。老师也经常教育我们要好好学习，报效祖国和人民。而我应该怎样去报效祖国和人民呢？做一名出色的间谍，用我的牺牲去换取祖国和人民的胜利，这不是非常有意义的事吗?”

于是，小普京在作文本上写道:“……我的理想是做一名间谍，尽管全世界的人们对这个名字都不会有任何好感，但是从国家和人民的利益出发，我觉得间谍所做的贡献是十分巨大的……”在这篇作文中，小普京还列举了一个苏联著名间谍的英雄事迹，论述了在苏美对峙的冷战时期间谍的重要作用。当教师打开普京的作文本时，不禁又惊又喜，连声赞叹他“年纪不大，志气不凡”。

后来，在一次参观“克格勃”大楼之后，普京走进了“克格勃”列宁格勒局的接待室。一位工作人员听了他的要求后，对他说：“你的想法很好。但是，我们不接受主动来求职的人，只接受服过兵役或者大学毕业的人。”

尽管没有到处张扬，但克格勃在各大学特别是著名大学如莫斯科和列宁格勒大学公开招募毕业生，并非绝密的事情。于是，普京发奋学习。1970 年，18 岁的普京中学毕业，以优异的成绩考入列宁格勒国立大学法律系国际专业。

在大学期间，对于加入克格勃的理想，普京一直没有放

弃。他甚至在憧憬着当年在克格勃办公室遇到的那个人能够突然出现，招收自己到克格勃工作。普京出身工人阶级家庭，在大学里又品学兼优，着实是可造之才。因此实际上克格勃已经在注意他了，虽然他们不知道这个年轻人在读中学的时候就想加入克格勃了。大学四年级时，学校忽然通知普京，有人将在一间教室见他。来人没有说他是谁，但是普京立刻就猜出来了，他对普京说："我想和你谈一谈你的工作分配，但我现在还不想说究竟是什么工作。"他们约定在教师休息室见面，但是那人却迟到了。普京等了20多分钟，心想："这家伙是不是在戏弄我？"

正当普京准备离开时，那人忽然跑过来，上气不接下气地说："抱歉。"普京心下释然了，他喜欢这句话。

"这都是安排的，"对方说，"普京同学，如果邀请你到情报部门工作，你会怎么想？"

普京后来回忆说："我立刻就同意了。"他毫不犹豫地做出了决定，因为这本来就是他的理想。在这次谈话后，克格勃的人好像突然消失了，普京也没有得到其他消息。直到多日以后，又有人打电话，邀请他到大学的人事部谈话，普京心中的这块石头才算落了地。在毕业分配时，又险些出了岔子。大学就业委员会在安排学生去向时，一位法律系的老师指着普京的名字说："我们要让他当律师。"就在这时，墙角传来一个声音："不,这个问题已经决定了，我们要让普京为克格勃工作。"原来是监督学生分配的克格勃特工喊了起来，他刚刚还在角落里打盹。几天以后，普京开始填写各种加入克格勃的申请表。

就这样，普京在他大学生活的最后一年，正式加入了克格勃。1975 年，普京大学一毕业就开始从事对外情报和国外反间谍工作，实现了自己"做一名间谍"的理想。

小故事大学问

每个人都有自己的理想，而学习则是为了实现自己的理想。只要这样想，学习就会充满动力和乐趣，成为很快乐的事，不再那么被动了。

然而，理想不能空谈空想，要真正成为学习的动力才有可能实现。有了动力，我们才能找到明确的目标，才能更加努力地学习。

名人语录

当大自然剥夺了人类用四肢爬行的能力时，又给了他一根拐杖，这就是理想！

——高尔基

理想是指路明灯，没有理想，就没有坚定的方向；没有方向，就没有生活。

——托尔斯泰

世上最快乐的事，莫过于为理想而奋斗。

——苏格拉底

无论哪个时代，青年的特点总是怀抱着各种理想和幻想。这并不是什么毛病，而是一种宝贵的品质。

——加里宁

一种理想，就是一种力量！

——罗曼·罗兰

法则57 2+5=10000——→放飞想象的翅膀

闻一多先生是位卓越的作家，更是一位非常有趣的老师，他常常用生活中的一些事例给大家讲深奥的故事。

闻一多有一次给学生上课，他走上讲台，先在黑板上写了一道算术题；2+5=？学生们疑惑不解，闻先生是教文学课的，怎么突然出起算术题了？而且还是这么简单的算术题？然而，闻先生执意要问同学们2+5=？于是，同学们就无奈地一起回答：“等于7嘛！”闻先生说：“错了！”

“嗯？为什么啊？这连幼儿园的小朋友都知道啊！”同学们非常不服气。闻一多先生笑了笑说：“不错，在数学领域里，2+5=7，这是天经地义、颠扑不破的。但是，在艺术领域里，2+5=10000也是可能的。”

“怎么可能？”同学们听了非常惊奇，忍不住在下面交头接耳。闻一多先生没有制止大家的好奇心，而是拿出一副题为《万里驰骋》的国画来让学生们欣赏。只见画面上突出地画了两匹奔马，在这两匹奔马后面，又错落有致、大小不一地画了五匹马，这五匹马后面便是许多影影绰绰的黑点点了。

闻先生指着画说：“从整个画面的形象看，只有前后七匹马，然而，凡是看过这幅画的人，都会感到这里有万马奔腾。那么是不是2+5=10000呢？”

学生们听罢，恍然大悟，原来闻先生用这个简单的算式，形象地说明了文学作品需要丰富的想象力。接着，几个同学纷纷谈了对这个问题的感想。

闻先生听了同学们的回答后，非常满意地说："同学们说得很对，我就是要大家明白，文学艺术作品的容量是不能像数学那样用公式来计算的。文学艺术作品贵在含蓄，要给人们以广阔的想象余地。"

小故事大学问

想象力比知识更重要。知识是有限的，而想象力则可以涵盖一切，推动着知识的进步，并且是知识的源泉。

从小培养想象力遵循十大准则

丰富的想象力对孩子的成长和社会的发展至关重要。美国优秀教师、美国教育新闻网专栏作家艾伦·汉斯克维兹认为，培养想象力应遵循十大准则。

第一准则：不只有美术和音乐才能开发想象力。艾伦认为，启发和引导的途径是多种多样的。积极主动地思考像谁发明了钱包和为什么发明车轮等实际问题，有助于培养他们的观察力。当然，最好是给孩子一个明确可以解决的问题，慢慢加以启发和鼓励。

第二准则：改变固有思路。想象力最大的敌人是接受现实，一成不变。为开导学生，美国教师采用了几种非常简单训练方法，帮助学生动脑筋。比如，启发学生寻找去某个商店的新路线，用双手写字等。这都可以从不同的角度迫使学生开动思维。

第三准则：从小事入手，脚踏实地。艾伦认为，学生不应为重新设计一种新餐刀而大伤脑筋，也不要为重新发明轮子而想入非非。要点点滴滴从小事入手，脚踏实地。引导他们从木制刀具想到双面刀具的转变，然后联想到为增加多用性而大胆创新。

第四准则：多接触新事物。注意观察是开发智力和想象力的最佳途径。一个没有接触到新鲜事物的人免不了因循守旧，缺乏独特的思维和见解。让想象力在幼小的心田里驰骋，必须有广博的知识作基础；积累的经验越多，解决问题的思路就越广。

第五准则：别对孩子最初的想象力品头论足。动不动就告诉孩子什么是好主意什么是坏主意，不是一种积极培养他们独立思维的好方式。青少年的好主意并不能仅以常人眼光来看待，家长要懂得好事多磨的道理，给孩子们时间，他们的想象有一定的空间和时间。不然有伤他们的自尊。

第六准则：对孩子的作品多提问题。我们经常看到家里的墙上贴满了孩子们的作品。但除了夸奖外，很少有人对这些作品提出疑问，但提问可以激发想象力，给他们的想象发出必要的挑战。比如，问孩子为什么要那样画树，也许就会暴露出他们从来没有真正观察过树。他们以后就会画出有细小枝条的树。

第七准则：玩新玩具不如创造新玩法。创造新事物固然重要，但有时创造一些已存在的东西，也可以刺激他们的想象力。很多时候，孩子玩玩具盒比玩玩具更起劲。他们在玩盒子的过程中发挥自己的想象力。如果大人用新玩具转移他的注意力，结果就是孩子接连不断地要新玩具，而不是创造新的玩法。

第八准则：不要吹捧孩子的进步。避免对孩子的想象夸大其词，把小小的改进说成天才的变革。在鼓励青少年时，最重要的是鼓励他们的进步，而不是对他们吹捧。如果在课堂上老师过于夸奖某一个学生的进取，满足一两个学生的虚荣心，一定会不自然地伤害其他学生的自尊，无助于孩子们之间的合作。

第九准则：始终保持开放的思想。要经常积极主动地寻找鼓励更多更有价值创造的途径。在一个靠固定答案获取高分的时代，保持思想的开放性是异常困难的。知识是你已经知道的东西，而想象力使得知识不断增长。

第十准则：重要的是过程而不是结果。鼓励孩子们对创造过程的理解，不片面强调最后作品的重要性。一个成熟的作品，只是学生们某一次的探索。在沾沾自喜之时，要考虑能否每次都如意。

思维训练

1.六个三

用 6 个 “3” 和 6 个 “.” ,组成几个数，使它们的和尽量接近自然数 “10” ,这是否可能?

答案：本题的难点，一个是对 “.” 的处理，一个是对 “尽量接近 10” 的理解。

对 “.” 的处理一般很快会想到小数点，或是比例符号 “：” ,或是乘法代用符号，如 “3.5” 。

如果只想到小数点，即 “3.3+3.3+3.3=9.9” ,但 “.” 少了三个；

如果只想到比例符号，即 “3：3+3：3+3：3=3” ；

如果只想到乘法代用符号，即 “3•3+3•3+3•3=27 “，则显然又超出了 10。

如果综合起来用，可以有：

3.3:3.3+3:3=2　　　　(3:3)•3（3:3）•3=6

(3:3+3:3)•3.3=6.6　　　　……

(3:3)•（3:3）+3•3=10

这样就涉及如何对 “尽量接近 10” 的理解。按以上几个加数算式，所谓 “尽量接近 10” ,最准确的理解是趋向于 10。这样，正解就应该在 “……” 中产生。于是，我们可以再次发散，想一想类似于小数点的处理方法还有哪些？试着把 “•” 放在数字的前面、后面、后面、上面、下面怎么样？发散的结果，“•” 作为循环节使用的方法是不难发现的。几组数字自然可以形成。这与其说是匠心独运之处，毋宁说是发散思维的结果和核检一览表法的作用。

正确答案是可以。3.3+3.3+3.3≈10

2.和为1000

你能以最快的速度说出连续整数之和为1000的共有几组吗？

答案：首先1000为一个解。

连续数的平均值设为x，1000必须是x的整数倍。假如连续数的个数为偶数个，x就不是整数了。x的2倍只能是5、25、125才行。因为平均值为12.5，要连续80个达不到。125/2=62.5是可以的。即62、63、61、64，等等。连续数的个数为奇数时，平均值为整数。

1000为平均值的奇数倍。1000=2×2×2×5×5×5；x可以为2、4、8、40、200排除后剩下40和200是可以的。所以答案为平均值62.5、40、200、1000的4组整数。

3.越快越好

求下列算式的和，要求越快越好。

$$\frac{9871+9872+9873+9874+9875+9876+9877+9878+9879}{9}=?$$

答案：在解题之前，如先通观全局，就应该发现，本题的重要问题是分母要求分子为某等分。但当通过观察，可以很容易地知道：

（9871+9879）÷2、（9872+9878）÷2、（9873+9877）÷2、（9874+9876）÷2,都是平均等的数字：9875。这样就理解了分母所要求的，分子已经做到了，亦即分子已经把一个项目的功能含义巧妙地转换成了答案。这本身就是一个创新思维的过程。

这也说明，从全局出发的观察、分析、判断，对思维素材重新组合、构建，对于创新思维过程的意义是很大的。发现一个更巧妙的方法是创新思维的根谛所在。

正确答案：9875。

法则58 善于幻想的俄罗斯“航天之父”——→伟大的目标诞生于想象中

康斯坦丁·齐奥尔科夫斯基是人类征服宇宙的先驱思想家和理论家之一，是现代航天事业和航天理论的奠基者，被誉为俄罗斯航天之父。

他从小就爱幻想。8岁那年，母亲送给他一只红色的氢气球，他快乐地牵扯着气球的引线，在院子里跑来跑去。忽然，一阵风吹来，氢气球脱手而去。望着越飞越高的氢气球，他跑到妈妈跟前说：“妈妈，您说氢气球飞到哪里去了呢？”“大概飞到星星上去了吧。”妈妈说。“那么，我能像氢气球那样飞到别的星星上去吗？”他又问。“那不能。”妈妈说。“如果我乘上

氢气球呢？就可以了吧？”“也不行。傻孩子，氢气球一压就破了，怎么乘得起你呢？”妈妈认真地对他说。而他却依旧望着氢气球飞走的方向，呆呆地思索：“氢气球能飞到空中去，人怎么就不能呢？有什么办法能使人也像气球那样飞起来呢？”

有一次，他读了一本关于物理的书，书中说，地球引力就是物体的重量。他想，要是想办法去掉地球的吸引力，物体变轻了，我们就能飞到星星上面去了吧？

书上有一个小飞行器的模型。他决心做出来，经过几天的努力，他终于做出了一个带翅膀的飞行器。这个带翅膀的飞行器能像一只小鸟儿一样轻轻飞出去几百米。看着这个飞行器，康斯坦丁高兴地笑了。

1873年，他离开家乡，来到莫斯科学习。在那里，他的生活特别困难。白天去莫斯科最大的图书馆——契尔特夫图书馆看书，到了晚上，他独自躺在床上，望着遥远的星空，他的幻想又展开了翅膀：能不能制造一个永远悬在空中的金属气球呢？能不能发明一种可以飞到大气层外的仪器呢？能不能利用地球旋转的能量呢？

后来，他给这种幻想装上了科学的翅膀，用科学使这些幻想得以实现。他先后发表了科幻小说《在月球上》《在地球之外》，专著《利用喷气工具研究宇宙空间》等。他推导出了著名的齐奥尔科夫斯基火箭公式，首次提出了使用液体火箭的设想，首次论证了利用多级火箭克服地球引力的构想，并提到了宇航服、太空失重状态、登月车等。

他说：“地球是人类的摇篮，但是人类不会永远生活在摇篮里，开始他们将小心翼翼地穿出大气层，然后去征服太阳系。”他就是这样，终生如一地为自己的理想奋斗，将读书与实践相结合，给自己的幻想插上了科学的翅膀，创立并奠定了宇宙航行的理论基础，为后人开拓了一条通往星际空间的广阔道路。

空间想象力的发展测试

下面拟定的 15 个测试项目可用来判断你是否具有空间想象能力的优势。每项陈述都附有 A、B、C、D 四种选择，A 为很符合你的情况，B 为比较符合，C 为有点符合，D 为不符合。请你仔细阅读每一陈述，然后根据你的实际情形选择其中一个答案。

1. 极少有迷失方向的现象。A、B、C、D
2. 从小就喜欢用积木等材料搭拼各种物体。A、B、C、D
3. 特别善于观察。A、B、C、D
4. 在绘画、剪纸、雕塑、舞蹈等艺术活动方面有明显的优势。A、B、C、D
5. 非常善于利用与布置空间。A、B、C、D
6. 形象思维能力很发达。A、B、C、D
7. 对立体图像（几何）很感趣。A、B、C、D
8. 具有很强烈的好奇心。A、B、C、D
9. 具有广泛的兴趣。A、B、C、D
10. 经常提出一些奇怪的问题。A、B、C、D

11. 对天文、地理等方面的知识很感兴趣。A、B、C、D

12. 特别喜欢幻想。A、B、C、D

13. 经常对一些建筑设计、物体构造等方面的问题提出批评意见。A、B、C、D

14. 空间知觉发展很好。A、B、C、D

15. 形象记忆能力很强。A、B、C、D

以上各项均选择出答案后，如果选择 A，得 5 分；如果选择 B，得 3 分；如果选择 C，得 1 分；如果选择 D，得 0 分。满分为 64 分。

得分与评价：

得分在 57~64 分，表明具有绝对的空间想象优势；

得分在 50~56 分，表明具有明显的空间想象优势；

得分在 42 分以下，表明空间想象能力一般或较差。

法则59 跳蚤的故事——唤醒酣睡的潜能

在昆虫中，跳蚤可能是最善跳的了，它可以跳到是自己身高的几万倍的高度。他的身体里有哪些独特的构造呢？为什么可以有这么大的迸发力？带着这些问题，一个大学教授开始了他的研究。可是他研究了一整天，也没有找到答案。

第一天下班的时候，教授用一个一米高的玻璃罩罩着这只跳蚤以防它逃跑。于是那天晚上，这只跳蚤为了能跳出玻璃罩，就使劲跳啊跳，可是无论它怎么努力跳，都在跳到一米高的时候，被玻璃罩挡了下来。于是跳蚤失望了，懒懒地趴在了箱子底。

第二天，教授上班取下玻璃罩，再来研究这只跳蚤，他惊奇地发现，这只跳蚤竟然只能跳一米高了。这给了教授很大启发，他开始从高度的限制上来研究这只跳蚤。这天下班时，教授就故意用了一个50厘米的玻璃罩罩着跳蚤。到了晚上，这只跳蚤又开始它的逃亡行动，这次竟然刚跳到50厘米就被阻挡了，于是跳蚤很快就放弃了跳跃。

第三天，教授果然发现跳蚤只能跳50厘米的高度。晚上，教授又用20厘米的玻璃罩罩着跳蚤。第四天，跳蚤跳的高度又降为20厘米。到了第四天下班时，教授干脆用一块玻璃板压着跳蚤，只让跳蚤能在玻璃板下面爬行。果然，到了第五

天，跳蚤再也不能跳了，只能在桌面上爬行。

教授正看着可怜的跳蚤，一不小心，打翻了桌上的酒精灯，酒精洒在了桌上，火也慢慢地向跳蚤爬的地方漫延。奇迹出现了，就在火快要烧着跳蚤的一瞬间，跳蚤猛地一跳，又跳到了最开始的超过它身体一万倍的高度。

人的潜力就像这跳蚤的弹跳力一样，发挥出来时也是惊人的！

小故事大学问

压力下的潜力之大，有时真是让人“不敢相信”。瞧，连小小的跳蚤也懂得这个道理，我们也要来学习学习，开发一下我们的潜力哦，说不定我们也能像小跳蚤一样可以“跳”出超过自己想象一万倍的成绩出来。

有的专家做过这样的实验：用铁丝匝住正在生长的小南瓜，一段时间后，逐渐长大的南瓜竟把铁丝崩断了。专家又把铁丝换粗并且加大圈数，再过一些日子测量，这些铁丝已经达到400公斤的张力了，可是南瓜仍是没有破裂！

多么奇怪的事情啊！如果在平时，我们用同样的铁丝，只用这张力的几十分之一就足以将这生脆的小南瓜勒开了。到底是什么原因造成的呢？专家剖开南瓜追寻原因：天呐，南瓜里面的瓜瓤已全部转化成坚韧的纤维！瞧瞧，压力让南瓜发挥了如此大的潜能，转化自己，完成了这样的奇迹。

其实，我们又何尝不是如此呢。想获得好成绩，就必须给自己压力。“我要学好数学，下次考试一定要进步一个档次，如果做不到，就不再看喜欢看的卡通片……”就这样，给自己下命令，达不到要求就用自己喜欢的东西来惩罚自己，让自己时刻有危机感，像火在后面烧小跳蚤一样，逼迫自己“跳”起来，把潜能发挥到极限。

来试试让压力督促自己不断发掘潜力，开拓进取，一点点取得进步。潜能就是这样让压力给逼出来的！

法则60 赫希巴奇的设想——天才的想象力

赫希巴奇小时候学习成绩很优异，他除了完成在校课程以外，还特别喜欢阅读课外书籍。尤其是《国家地理》杂志，他拿起来就放不下。他总是跑到奶奶家去玩，因为奶奶家订有一份《国家地理》杂志。杂志中有许多关于世界各地的动物、植物、风土人情和自然科学、高新技术方面的内容，而且配有大量漂亮的照片和插图，每一期都让小赫希巴奇兴奋不已。

有一次，新出版的一期《国家地理》杂志是关于天文学的特辑。北极星、天王星、火星、土星……，那一个个遥远而又神秘的星球，一下子就抓住了小赫希巴奇的心。看到他如此喜爱这期杂志，奶奶就将它作为礼物送给了赫希巴奇。小赫希巴奇天天把这本杂志带在身边，一有空就翻看。有一次，他把杂志带到了学校，不知怎么回事，杂志突然找不到了。急得小赫希巴奇搓手顿脚，眼泪都差点掉了下来。当同学们帮他找回这本杂志时，小赫希巴奇高兴得跳起来。五十多年后的今天，赫希巴奇已成为著名的科学家，在他的书房里，那书架上琳琅满目的科学著作之中，仍可以找到这本纸张已经发黄了的杂志。正是这本《国家地理》杂志，使小赫希巴奇对科学产生了浓厚的兴趣，并成为他走上科学之路的启蒙老师。

上大学一年级时，一次物理课上，教授给同学们介绍了分

子线束理论。赫希巴奇产生了一个念头，能不能把物理学的分子线束理论引入化学研究呢？让分子在真空中碰撞发生化学反应，从而能够观察到单个分子的反应，这样可以从分子、原子微观层次上观察到许多化学反应的奥妙。他把自己的想法讲给教授们听，也许他太年轻了，才刚上大学没多久，也许他的想法太超前了，总之，没有人对他的设想感兴趣。

赫希巴奇没有因自己的设想不被别人接受而灰心，他决心通过自己的努力来实现这个设想。大学毕业后，他考了化学专业的研究生，并在哈佛大学读完博士。他在科研过程中逐渐完善了自己的理论。后来，他与李远哲进行合作。李远哲根据赫希巴奇的理论，设计建成了世界上第一台分子束碰撞器和离子束交叉器，得到了许多化学反应的精确实验结果，证实了他的设想。

小故事大学问

英国物理学家廷德尔说："有了精确的实验和观测作为研究的依据，想象力便成为自然科学理论的设计师。"如果就想象这种思维能力对科学家作调查研究的话，我们会发现其中最杰出的人往往都具有高度的想象力。爱因斯坦曾这样评价想象力："想象力比知识更重要！"

想象在某种程度上能够代替自身的经验。一个人的经验与资历固然重要，但这并非是衡量能力与水平的惟一标准。尤其在学习上，有些人十年的学习经验，只不过是一年经验的不断重复罢了。一位老师可以用他一年所学的知识来教十年学生，而自身知识得不到多少更新也无妨，但他的学生十年后就会远远超越他的老师。

此外，想象力还能概括整个世界，并推动社会的不断前进，可以说想象是知识进化的源泉。牛顿也深有感悟地说："没有大胆猜测就作不出伟大的发现！"列宁更直截了当地指出："有人认为，只有很少的人才需要幻想，这是没有理由的，这是一种偏见！甚至在数学上也是需要幻想的。"

想象能使我们用别人的眼睛看到我们没有见过的东西，同人们一起体验那些我们没有亲身体验过的事物。一个人要想生活幸福或者学业有成，就必须培养自己丰富的想象力。只有有了丰富的想象力，才能对自己的未来和前途有美好的规划，也才能满怀信心地去前进，去开拓。

后 记

本书出版的目的，即在于使青少年能够获得精神上的丰富和激励，如果读者能从本书中受益，所有为此书的出版付出辛苦的人都会由衷地感到欣慰。

为了能够让读者获取更丰富、更全面的信息，本书在策划、编写过程中，从网络、报刊、杂志等多方面参考借鉴了相关资料，吸取了很多思想的精华。但由于各种原因，无法一一与部分入选故事的作者取得联系，在此致以诚挚的感谢和歉意，恳请作者谅解！

编 者

图书在版编目（CIP）数据

培养孩子良好学习习惯的60个法则/陈斯雯编著.
—南昌：江西人民出版社，2007.8
ISBN 978-7-210-03578-7

Ⅰ.培… Ⅱ.陈… Ⅲ.学习方法-青少年读物
Ⅳ.G791-49

中国版本图书馆CIP数据核字（2007）第045954号

培养孩子良好学习习惯的60个法则
陈斯雯 编著
江西人民出版社出版发行
香河县宏润印刷有限公司印刷 新华书店经销
2007年8月第1版 2009年1月第2次印刷
开本：787毫米×960毫米 1/16 印张：15.25 字数：85千
ISBN 978-7-210-03578-7/G·670 定价：26.00元

江西人民出版社 地址：南昌市三经路47号附1号
邮政编码：330006 传真电话：6898827 电话：6898893（发行部）
网址： www.jxpph.com
E-mail：jxpph@tom.com web@jxpph.com